KB200338

아침
잠언

아침 잠언

지은이 | 이혜진
초판 발행 | 2024. 2. 21
3쇄 | 2024. 10. 8
등록번호 | 제1988-000080호
등록된 곳 | 서울특별시 용산구 서빙고로65길 38
발행처 | 사단법인 두란노서원
영업부 | 2078-3333   FAX | 080-749-3705
출판부 | 2078-3331

책 값은 뒤표지에 있습니다.
ISBN 978-89-531-4806-2   03230

독자의 의견을 기다립니다.
tpress@duranno.com   http://www.duranno.com

두란노서원은 바울 사도가 3차 전도여행 때 에베소에서 성령 받은 제자들을 따로 세워 하나님의 말씀으로 양육하
던 장소입니다. 사도행전 19장 8-20절의 정신에 따라 첫째 목회자를 돕는 사역과 평신도를 훈련시키는 사역, 둘째
세계선교(TIM)와 문서선교(단행본·잡지) 사역, 셋째 예수문화 및 경배와 찬양 사역, 그리고 가정·상담 사역 등을
감당하고 있습니다. 1980년 12월 22일에 창립된 두란노서원은 주님 오실 때까지 이 사역들을 계속할 것입니다.

★ 영혼이 자라는 시간 ★

아침
잠언

이
혜
진
지
음

두란노

CONTENTS

저자는 묵상하고 사색할 줄 아는 목회자, 하나님을 경외하는 목회자, 하나님의 말씀으로 말미암아 떠는 목회자입니다(스 9:4). 저자는 하나님의 말씀 아래에서, 뒤에서 하나님의 말씀을 드러내는 설교자이기도 합니다. 낯선 것은 익숙하게, 익숙한 것은 낯설게 표현할 줄 아는 탁월한 소통 능력을 소유한 분입니다. 저자는 개척교회 목회자의 자녀로 성장했습니다. 경건한 부모님을 통해 예배의 소중함을 배웠고, 기도의 능력을 전수받았습니다. 저자는 하나님이 새로운 시대를 위해 세우신 선한 목회자, 훌륭한 설교자, 탁월한 영적 지도자입니다.

저자의 잠언 묵상 속에 하늘과 땅이 함께 만나는 지혜가 담겨 있습니다. 저자는 땅에 감춰진 하늘의 보화를 찾아 캐내듯이, 잠언 속에 담긴 지혜를 발견해서 우리에게 선물해 줍니다. 깊은 묵상의 두레박으로 길어 올린 보석보다 더 귀한 지혜를 이번 책에 담았습니다.

물고기가 물을 떠날 때 물의 소중함을 아는 것처럼, 사람들은 이 세상을 떠날 때에야 지혜의 소중함을 깨닫습니다. 그 슬픈 현실을 알기에 저자는 진주보다 귀한 지혜를 이 책에 담아 우리에게 전해 줍니다. 검색은 많지만 묵상과 사색이 사라져 가는 시대에 저자는 하나님의 지혜가 얼마나 탁월하고 영광스러우며, 우리 삶을 풍성하게 하는지를 알려 줍니다. 저자는 역사를 전공한 역사학자입니다. 그런 까닭에 역사의 큰 그림과 흐름 안에서 잠언을 해석합니다. 저는 이 책을 감동과 울림을 주는 깊은 지혜를 갈망하는 분들에게 추천합니다.

강준민 목사(L.A. 새생명비전교회 담임)

성경의 잠언서는 그리스도인에게 지혜로운 삶을 보여 주는 하늘의 창고와 같습니다. 잠언서의 지혜는 하나님을 경외하게 하며 삶 속에서 그리스도인의 향기를 품게 합니다. 이혜진 목사님의 《아침 잠언》은 성경의 잠언서를 이 시대의 언어로 펼쳐 놓은 또 하나의 잠언서와 같습니다. 책을 읽다 보면 말씀을 깨닫는 은혜와 삶 속에 스며들게 만드는 실천적인 도전을 받게 될 것입니다. 이 책과 함께 시작하는 아침은 짧을 수도 있지만, 그 울림은 하루 꼬박 하나님 앞에서 살아가는 삶으로 연결될 것입니다. 저는 이 책으로 하루를 시작할 행복한 꿈을 꿉니다.

류응렬 목사(와싱톤중앙장로교회 담임, 고든콘웰신학대학원 객원교수)

저자의 글은 성경과 삶의 현장을 연결하고 있습니다. 잠언을 풀어 가는 글 속에는 저자 자신이 아니라 주님이 깨닫게 하신 지혜와 감사의 고백이 고스란히 담겨 있습니다. 짧은데 깊이가 있고 따뜻한데 예리함이 있습니다. 주님을 사랑한다면서 두려워하지 않는 사람이 많다는 나눔은 우리의 옷깃을 여미게 합니다. 미국의 먼 도시에서 쓴 글이 마치 지척에서 들려주는 이야기처럼 가슴 깊이 다가옵니다. 그 따뜻함을 많은 독자가 함께 공감하기를 바랍니다.

박신일 목사(밴쿠버 그레이스한인교회 담임)

하나님이 벧엘교회를 개척부터 지금까지 한 해도 빠짐없이 성장시켜 주셨는데 그 중심에 말씀이 자리 잡고 있습니다. 잠언 말씀 속에 지성과 영성이 깃들어 있습니다. 말씀을 늘 쉽게 풀어내는 저자는 역사를 공부한 분답게 이 책에 역사성까지 풍성하게 담아 은혜가 됩니다.

유승대 목사(은평성결교회 담임)

지혜로운 사람이 없으면 기업도, 국가도, 교회도 무너집니다. 지혜가 한 나라도 살릴 수 있다는 진리를 알지만, 지혜로운 리더를 만나기가 어렵다는 사실도 알기에 마음이 무겁습니다. 현대는 수많은 난제를 가지고 있습니다. 그 어느 때보다 지혜가 더 필요한 시대입니다. 가장 적절한 답은 잠언 속에 담겨 있는 지혜를 만나는 것이라고 생각합니다.

저자는 잠언서를 지식의 차원에서 삶의 탁월한 적용의 능력인 지혜의 영역으로 승화하여 삶과 목회의 영역에서 살아 내고 있습니다. 따라서 이 책을 읽는 독자들은 삶에 필요한 적절한 지혜가 이전과는 비교할 수 없을 정도로 내면에 흘러들어오는 경험을 하게 될 것입니다. 복잡한 구조인 잠언을 저자는 아홉 개 주제로 엮어 100일간 묵상할 수 있게 했습니다. 보다 쉽게 삶의 지혜를 접하게 해줄 것이라고 확신합니다. 지혜가 부족해서 항상 후회하고 탄식하는 사람이라면 이 책을 꼭 읽기를 권합니다. 놀라운 반전 드라마의 주인공이 될 것을 확신하며 기쁨으로 이 책을 추천합니다.

이기용 목사(신길교회 담임)

잠언은 근본적인 지혜를 가르치는 동시에 현실의 삶에 관한 명령을 담고 있습니다. 잠언은 일반적인 처세훈으로 해석하기가 쉽습니다. 그러나 본질적으로 복음의 진수와 연결됩니다. 저자의《아침 잠언》은 어렵지 않으면서도 신앙의 핵심을 가리키고 있습니다. 그리스도인답게 살아갈 길을 안내합니다. 귀한 글이 책으로 나와 기쁩니다. 벧엘교회의 목양 현장이 이 책에 배어 있습니다.

지형은 목사(성락성결교회 담임)

저자는 잠언에 잘 어울리는 목사님입니다. 삶의 묵상이 깊고, 전하는 메시지의 울림이 큽니다. 그의 메시지는 지적 사유의 풍성함에 영적인 해석이 더해져 언제나 지성과 영성을 흔듭니다. 제가 본 저자는 성실한 목회자입니다. 급하게 지어 밥상에 올려놓는 말씀이 없습니다. 쌀을 정성스레 씻어 물을 맞추고 전기밥솥이 아닌 아궁이 밥솥에 신중하게 지어낸 밥처럼 그의 글은 항상 윤기와 맛이 훌륭합니다. 그의 메시지에서는 불량식품이 나올 수 없습니다.

성경 속 잠언이 그의 묵상을 통해 새로운 책으로 엮여 우리에게 찾아왔습니다. 잠언이 묵상을 만났으니 얼마나 반가운지요. 한 장 한 장 읽으며 영혼을 톺아 봅니다. 빨리 읽기에는 아깝고, 천천히 읽기에는 궁금해지는 책입니다. 서른한 장의 잠언에서 백 개의 묵상을 뽑았으니 백일 동안 읽어 나가도 좋겠습니다. 성경의 잠언을 날것으로 그냥 읽어도 좋지만, 묵상을 거친 잠언은 영혼에 큰 유익을 주리라 확신합니다. 이런 고마운 책을 세상에 내놓은 저자에게 깊은 감사를 드립니다. 에녹처럼 평생 주님과 동행하기를 원하는 모든 독자에게 기쁜 마음으로 추천합니다.

최병락 목사(강남중앙침례교회 담임, 월드사역연구소 소장,
《바람을 잡는 그대에게》《어둠 속에 부르는 노래》저자)

주님은 부족함을 쓰십니다

많은 주저와 망설임 끝에 잠언 묵상집을 세상에 내놓습니다. 책을 낸다는 것 자체가 용기가 필요한 일이겠지만 특히 지혜의 책인 잠언에 관한 글이기에 더 큰 용기가 필요했습니다. '지혜'에 대해 말하기에는 아직 제가 너무 젊은 데다가, 무엇보다도 그동안 목회하면서 매일 절감하는 것이 '지혜의 모자람'이기에 주저함이 더 컸습니다.

내면의 갈등과 아우성을 애써 잠재우고 용기를 내는 이유는 제가 믿는 하나님 때문입니다. 언제나 부족한 사람들을 즐겨 쓰셨던 하나님, 그 하나님이 제 부족한 글을 통해서도 분명 일하실 것이라 믿기 때문입니다.

가만히 생각해 보니 하나님은 이미 매주 제 부족한 설교를 통해 일하고 계십니다. 그렇다면 부족한 글이라고 쓰임받지 못할 이유는 하나도 없는 것 같습니다.

책을 내려고 보니 감사한 분들이 너무 많습니다. 먼저 부족한 목회자의 글과 설교를 사랑해 주시는 아틀란타 벧엘교회 성도님들에게 마음 깊이 감사드립니다. 항상 응원을 아끼지 않는 사랑하는 아내 배은영 사모와 다섯 자녀 다혜, 다은, 다윗, 다빛, 다니엘에게 고마움을 전합니다. 미국 아틀란타 시골에서 목회하는 무명의 목회자의 글을 기꺼이 출판해 주시는 두란노에도 깊은 감사를 드립니다.

마지막으로 천국에서 이 책의 출판을 함께 기뻐할 사랑하는 어머니와 누나에게 그리움을 전하며, 아침마다 제게 말씀으로 찾아오신 나의 하나님께 모든 영광을 올려 드립니다.

2024년 2월
이혜진

잠언은 하늘의 지혜입니다

"1 다윗의 아들 이스라엘 왕 솔로몬의 잠언이라 2 이는 지혜와 훈계를 알게 하며 명철의 말씀을 깨닫게 하며 3 지혜롭게, 공의롭게, 정의롭게, 정직하게 행할 일에 대하여 훈계를 받게 하며 4 어리석은 자를 슬기롭게 하며 젊은 자에게 지식과 근신함을 주기 위한 것이니 5 지혜 있는 자는 듣고 학식이 더할 것이요 명철한 자는 지략을 얻을 것이라 6 잠언과 비유와 지혜 있는 자의 말과 그 오묘한 말을 깨달으리라"(잠 1:1-6).

서문에서 저자 솔로몬은 말합니다. 이 책에는 "잠언과 비유와 지혜 있는 자의 말과 그 오묘한 말"이 가득하니 와서 이 말씀을 묵상하면 지혜와 훈계를 알게 되고, 명철의 말씀을 깨닫게 된다고 말입니다. 구체적으로 이 말씀은 '어리석은 자'를 슬기롭게 하고, '젊은 자'에게 지식과 근신함을 주고, '지혜 있는 자'에게 학식을 더하며, '명철한 자'에게 지략을 준다고 덧붙입니다.

흥미롭게도 솔로몬은 지혜가 필요해 보이는 어리석은 자와 젊은 자만이 아니라 이미 지혜와 명철이 있는 자도 초청하고 있습니다. 왜 그럴까요? 잠언 속에는 세상에서는 들을 수 없는 특별한 지혜와 훈계, 즉 '하늘에 속한 지혜'가 들어 있기 때문입니다. 잠언을 묵상하는 것이 더욱 기대되는 이유입니다.

　이 묵상 여정을 통해 세상은 줄 수 없고 알 수도 없는 하늘의 지혜가 우리에게 임하기를, 그래서 지혜와 공의와 정의와 정직이 더하기를 소원합니다. 이 여정에 함께하실 하나님을 찬양합니다.

하나님을 모르면 참 지혜가 없습니다

"여호와를 경외하는 것이 지식의 근본이거늘 미련한 자는 지혜와 훈계를 멸시하느니라"(잠 1:7).
"여호와를 경외하는 것이 지혜의 근본이요 거룩하신 자를 아는 것이 명철이니라"(잠 9:10).

'지식'과 '지혜'는 비슷해 보이지만 분명히 다릅니다. 지식은 세상과 자신에 대한 '이해의 영역'이고, 지혜는 획득한 지식을 삶에 반영하는 '적용의 영역'이기 때문입니다. 예를 들어, 우리는 종종 "저 사람은 공부를 많이 해서 지식은 많은데 지혜가 별로 없어"라고 말합니다. 지식과 지혜가 엄연히 다르다는 것을 강조하는 표현입니다.

그런데 흥미롭게도 잠언의 대표 구절이라고 할 수 있는 잠언 1장 7절과 9장 10절은 지식과 지혜의 차이점이 아니라 유사점을 강조합니다. 지식과 지혜는 모두 '여호와를 경외하는 것'이라는 한 뿌리에서 나온 형제라는 것입니다. 그러니까 둘은 긴

밀하게 연결되어 있으며, 근본적으로는 하나님을 믿는 것과 관련되었다는 말입니다. 상당히 독특한 시각입니다. 하나님을 믿지 않는 세상 지식인이나 지혜자들은 아마 동의하지 않을지 모르겠습니다. 그러나 잠언의 저자는 분명히 말합니다. 하나님을 알지 못하면 참 지식도, 지혜도 얻을 수 없다고 말입니다.

'여호와를 경외하는 것이 지식과 지혜의 근본'이라는 표현을 대부분의 영어 성경은 'The fear of the Lord is the beginning of knowledge/wisdom'이라고 번역합니다. 'beginning'은 '시작, 첫걸음'이라는 말입니다. 그렇다면 하나님을 믿지도, 두려워하지도 않는 사람은 지식과 지혜의 첫걸음도 떼지 못했다는 의미가 됩니다. 사실 시편에서는 하나님이 없다고 말하는 무신론자를 향해 '어리석은 자'라고 부릅니다. 세상 지식인과 지혜자들은 상당히 기분 나쁠지 모르겠습니다.

반대로 우리 그리스도인들은 적어도 지식과 지혜의 첫걸음을 뗀 사람들입니다. 그러나 너무 좋아할 것 없습니다. 말 그대로 시작이요 첫걸음에 불과하기 때문입니다. 교만할 이유는 더더욱 없습니다. 우리는 절대로 '다 알고 있는 사람'이 아니라 '더 깊이 알아 가야' 하는 사람들이기 때문입니다.

지식과 지혜의 근본이신 하나님과 더 깊이 사귀게 되기를, 그래서 지금보다 더 넓고 깊은 '지식과 지혜의 사람'이 되어 가기를 겸손히 소원합니다.

지혜는 처세술이 아닙니다

"20 지혜가 길거리에서 부르며 광장에서 소리를 높이며 21 시끄러운 길목에서 소리를 지르며 성문 어귀와 성중에서 그 소리를 발하여 이르되… 23 나의 책망을 듣고 돌이키라 보라 내가 나의 영을 너희에게 부어 주며 내 말을 너희에게 보이리라"(잠 1:20-23).

지혜가 소리 지르고 있습니다. 길거리에서, 광장에서, 시끄러운 길목에서 목소리를 높이고 있습니다. 얼핏 보면 의인법을 쓰고 있는 것 같습니다. 그런데 자세히 보십시오. 단지 지혜를 의인화한 것이 아닙니다.

잠언 8장에도 이와 같은 묘사가 1-4절까지 나옵니다. 그리고 조금 더 읽다 보면 22-31절에서 지혜는 자신을 이렇게 소개합니다.

"22 여호와께서 그 조화의 시작 곧 태초에 일하시기 전에 나를 가지셨으며 23 만세 전부터, 태초부터, 땅이 생기기 전부터 내가 세움을 받았나니… 27 그가 하늘을 지으시며 궁창을 해면에 두르실 때에 내가 거기 있었고…

³⁰ 내가 그 곁에 있어서 창조자가 되어 날마다 그의 기뻐하신 바가 되었으며 항상 그 앞에서 즐거워하였으며 ³¹ 사람이 거처할 땅에서 즐거워하며 인자들을 기뻐하였느니라"

어떻습니까? 이 정도면 감이 잡히지 않습니까? 잠언이 말하는 지혜는 무엇이겠습니까? 세상이 말하는 처세의 기술이 아닙니다. 하나님의 지혜이신, 성육신 이전의 예수 그리스도를 의미합니다. 그래서 사도 바울은 고린도전서 1장 24절에서 "그리스도는 하나님의 능력이요 하나님의 지혜니라"라고 증언합니다.

이렇게 잠언에 등장하는 지혜가 성육신 이전의 예수 그리스도임을 알고 말씀을 읽으면 새로운 은혜와 감동이 있습니다. 왜냐하면 예수 그리스도께서 길거리에서, 광장에서, 시끄러운 길목에서 목소리를 높이며 우리에게 돌아오라고 외치고 계시기 때문입니다.

주님은 또한 말씀하십니다. 지혜의 책망을 듣고 회개하면 성령을 부어 주신다고 말입니다. 예수 그리스도의 책망을 듣고 회개하는 자에게 주님은 하나님의 영, 성령을 부어 주실 줄로 믿습니다.

진짜 지혜는 따로 있습니다

"5 너는 마음을 다하여 여호와를 신뢰하고 네 명철을 의지하지 말라 6 너는 범사에 그를 인정하라 그리하면 네 길을 지도하시리라 7 스스로 지혜롭게 여기지 말지어다 여호와를 경외하며 악을 떠날지어다"(잠 3:5-7).

잠언은 '지혜의 문학'으로 알려져 있습니다. 그래서 우리는 당연히 잠언에는 지혜가 우리 삶에 얼마나 중요한지에 관한 내용이 담겼을 거라고 생각합니다. 그런데 막상 잠언 말씀을 한 절 한 절 읽다 보면 우리의 기대와 전혀 다른 이야기들을 만납니다. 대표적으로 오늘 본문이 그렇습니다.

"여호와를 신뢰하고 네 명철을 의지하지 말라"고 말합니다. 지혜의 문학인 잠언에서 명철을 의지하지 말라니 선뜻 이해가 되지 않습니다. 7절에서는 한걸음 더 나아갑니다. 스스로 지혜롭게 여기지 말라고 합니다. 대신 오직 하나님을 범사에 인정하고, 오직 여호와를 경외하며, 악을 떠나라고 권면합니다. 흥미롭지 않습니까? 지혜, 지식, 명철이 얼마나 중요한가를 말해

줄 것 같았는데, 오히려 그런 것들을 모두 내려놓고 하나님만 의지하라고 말하고 있습니다.

그런데 우리가 알아야 할 것이 있습니다. 하나님만 의지하는 것이야말로 잠언이 말하는 '참 지혜'라는 사실입니다. 내 지식, 상식, 경험, 명철은 모두 내려놓고 주님의 인도를 따라가면 하나님이 가장 좋은 길로 우리를 인도하십니다. 그 사실을 아는 것이 '진짜 지혜'입니다.

진짜 지혜로운 삶이 우리 안에서 시작되기 원합니다.

지혜자와 동행하십시오

"지혜로운 자와 동행하면 지혜를 얻고 미련한 자와 사귀면 해를 받느니라"(잠 13:20).

우리는 어떤 사람을 지혜로운 자 혹은 미련한 자라고 말합니까? 세상은 학벌이 좋고 공부 많이 하고 책을 가까이하며 지식이 많은 사람을 지혜롭다고 합니다. 또는 삶의 통찰이 있는 사람을 지혜롭다고 합니다. 그러나 성경에서 말하는 지혜로운 자는 그런 사람이 아닙니다.

성경은 하나님을 알고 경외하는 자(잠 9:10), 하나님의 말씀을 지키고 악에서 떠나 사는 자(시 111:10), 겸손한 자(잠 11:2)를 일컬어 지혜 있는 자라고 합니다. 반대로 하나님이 없다고 하는 자(시 14:1), 악에서 떠나지 않는 자(잠 13:19), 교만한 자(잠 14:3)를 일컬어 미련한 자, 어리석은 자라고 합니다. 어떻습니까? 세상의 기준과 완전히 다릅니다.

그리고 성경은 당부합니다. 우리는 반드시 지혜자, 그러니까 하나님을 아는 자, 그의 계명을 지키고 악에서 떠나 사는 자, 겸손한 자와 동행해야 한다고 말입니다. 그래야 그들에게서 선한 영향을 받기 때문입니다. 정말로 그렇습니다. 우리가 진정한 예배자와 사귀면 나도 어느새 진정한 예배자가 됩니다. 기도하는 사람과 교제하면 머지않아 나도 기도하는 사람이 되고, 입술에 찬양과 감사가 넘치는 사람과 사귀면 내 입술에서도 찬양과 감사가 나오기 시작합니다.

반대로 하나님을 알지 못하는 이들과 시간을 보내고 그들의 논리를 듣다 보면 나도 모르게 세상의 논리에 지배받기 시작합니다. 또 불평하고 비판하기를 좋아하는 사람과 시간을 보내다 보면 나도 모르게 내 입술에서 불평과 비판이 나옵니다. 쉽게 전염되기 때문입니다.

그러고 보면 우리 인생에서 가장 중요한 것은 누구를 만나느냐입니다. 음식만 가려 먹을 것이 아니라 사람도 가려 사귀어야 합니다. 오해하지 말기 바랍니다. 사람을 차별하여 사귀라는 말이 아닙니다. 지혜자와 동행하기를 원합니다. 특별히 지혜의 근본이신 예수님과 동행하는 하루 되기를 간절히 소원합니다.

지금 그리고 여기

"지혜는 명철한 자 앞에 있거늘 미련한 자는 눈을 땅끝에 두느니라"(잠 17:24).

미련한 자는 눈을 땅끝에 둔다는 말씀이 성경에 있다는 것을 오늘 처음 알았습니다. 그런데 왜 눈을 땅끝에 두는 것이 미련합니까?

영국 빅토리아 시대에 있었던 일입니다. 한 귀부인이 추운 겨울에 마부를 대동하고 연극을 보러 갔습니다. 연극이 진행되는 2시간 동안 마부는 마땅히 있을 곳이 없어서 바깥에서 추위에 덜덜 떨고 있었습니다.

연극이 끝나고 귀부인은 마차에 타면서 말했습니다. 방금 본 연극이 고아들에 관한 내용이었는데 너무 마음이 아파서 그들을 어떻게든 돕고 싶어졌다고 말입니다. 마부는 속으로 생각했습니다. 고아들도 좋지만 앞에서 추위에 떨고 있는 당신 마부나 먼저 돌봐 주면 좋겠다고 말입니다.

어떻습니까? 그런데 이 귀부인의 모습이 바로 우리 모습입니다. 멀리 있는 아프리카 선교지에 교회를 세우자고 하면 많은 이들이 헌금합니다. 물론 귀한 일입니다. 누군가는 꼭 해야 하는 일입니다. 그런데 선교지에 교회를 세우는 일은 열심이면서 정작 우리 교회가 스러져 가는 것은 보지 못한다면 문제입니다. 시간을 들여 단기선교를 가기도 합니다. 이것 역시 참으로 귀한 헌신이요, 땅끝까지 복음을 전하라는 예수님의 명령이니 해야 하는 일입니다. 그러나 매년 단기선교는 가면서 정작 우리 교회 대청소를 하자고 하면 그림자도 내비치지 않는 것은 문제입니다.

지혜란 무엇입니까? 땅끝도 좋지만 먼저 내 옆을 살피고, 세상 끝을 염려하기 전에 오늘 하루를 잘 사는 것입니다. 톨스토이가 이런 말을 남겼습니다.

"사람의 일생 가운데 가장 중요한 때는 바로 지금이고, 가장 중요한 사람은 지금 만나는 사람이며, 가장 중요한 일은 지금 하고 있는 일이다."

정말 그렇습니다. 땅끝에 시선을 두기보다 내 옆에 있는 가족과 교회를 살펴야 합니다. 결국 지혜는 먼 곳이 아니라 바로 지금, 이곳을 살피는 것임을 기억하기 바랍니다.

선한 소원을 가집시다

"지식 없는 소원은 선하지 못하고 발이 급한 사람은 잘못 가느니라"(잠 19:2).

지식 없는 소원은 선하지 못하다고 합니다. 여기서 '선하다'
의 의미로 쓰인 히브리어 단어는 '토브'입니다. '토브'란 창세
기 1장에서 하나님이 세상을 한 가지씩 창조하실 때마다 덧붙
이셨던 감탄사입니다. 우리말로 "보시기에 좋았더라"라고 번
역한 단어입니다. 그러니까 본문에서 말하는 "지식 없는 소원"
은 결국 '하나님 보시기에 좋지 않다'는 말입니다.

그렇다면 지식 없는 소원이란 무엇일까요? 성경이 말하는
지식은 곧 하나님을 바라는 것입니다. 지식 없는 소원이란, 하
나님 없이 바라는 것입니다. 하나님을 모르는 인간이 흔히 무
엇을 바랍니까? 바로 재물입니다.

누가복음 12장에는 한 부자의 이야기가 나옵니다. 농사가
너무 잘되어 더 큰 곳간을 지어야겠다는 행복한 소원을 가졌던
부자입니다. 그런데 문제가 무엇입니까? 그날 밤에 하나님이

그의 영혼을 취할 계획이셨다는 점입니다. 유감스럽게도 부자는 자기의 생명을 취하실 '하나님에 대한 지식'이 전혀 없었습니다. 자기가 곧 하나님 앞에 서야 할 운명이라는 것도 몰랐습니다. 그래서 그를 가리켜 어리석은 부자라고 합니다.

하나님에 대한 지식이 필요합니다. 세상과 나를 만드신 분, 나의 삶을 심판하실 분을 알아야 합니다. 하나님에 대한 지식이 없는 모든 소원은 결과적으로 다 선하지 못하다는 것을 알아야 합니다. 그런데 한 가지, 여기서 말하는 지식은 단순히 머리로 아는 것이 아니라 '경험적인 앎'을 의미합니다. 책에서 배운 교리적인 하나님이 아니라 삶에서 직접 체험한 하나님입니다. 바로 그러한 '체험적인 지식'이 중요합니다. 하나님에 대한 체험적인 지식이 있으면 사실 우리 소원 자체가 달라집니다. 헛된 것을 구하지 않게 됩니다. 왜냐하면 하나님이 어떤 분인지 알기 때문입니다.

아울러 오늘 본문이 알려 주는 하나님에 대한 가장 중요한 지식은 무엇입니까? 바로 하나님이 시간의 주인이 되신다는 것입니다. 이 사실을 아는 사람은 조급하지 않습니다. 잠잠히 하나님의 때를 기다립니다. 하나님이 하나님의 시간에, 하나님의 방법으로 모든 것을 아름답게 하실 것을 믿기 때문입니다.

오늘 하루 하나님을 아는 지식이 우리 삶에 더욱 충만해지기를 소원합니다.

몸보다 먼저 영혼을 가꾸는 지혜

"지혜를 얻는 자는 자기 영혼을 사랑하고 명철을 지키는 자는 복을 얻느니라"
(잠 19:8).

우리는 매년 다이어트와 운동을 결심합니다. 몸을 가꾸는 데 많은 시간을 투자하며 또 무공해 웰빙식과 온갖 건강보조제도 즐겨 먹습니다. 이 모든 것은 현대인이 얼마나 자기 몸을 사랑하는지를 잘 보여 주는 실증적인 예들입니다.

그런데 문제는 우리가 그토록 사랑하는 육체는 아무리 가꿔도 결국은 늙고 병든다는 것입니다. 게다가 영원하지도 않습니다. 길어야 겨우 100년 뒤에는 이 육체와 결별해야 합니다. 그래서인지 성경은 우리에게 육체를 사랑하라는 말을 거의 하지 않습니다. 대신 자기 영혼을 사랑하라고 권면합니다.

오해하지 마십시오. 성경은 결코 육체 건강의 소중함을 무시하지 않습니다. 그러니 예수님도 우리 몸을 고쳐 주셨고, 사도 바울도 "너희의 온 영과 혼과 몸이 우리 주 예수 그리스도께서 강림하실 때에 흠 없게 보전되기를 원하노라"(살전 5:23)라고 기도했으며, 사도 요한 역시 "사랑하는 자여 네 영혼이 잘됨같이 네가 범사에 잘되고 강건하기를 내가 간구하노라"(요삼 1:2)라고 기도했습니다. 그러나 우선순위는 분명합니다. 예수님은 분명 육체를 고쳐 주셨지만 영혼을 구원하는 일에 훨씬 더 관심이 많으셨고, 사도 바울 역시 영-혼-육 순서로 우선순위를 분명히 했으며, 사도 요한 역시 영혼이 잘되는 것은 확실한 것으로, 범사가 잘되고 강건한 것은 소원의 형태로 표현하고 있습니다.

성경은 우리가 영혼을 사랑하는 것이 더 중요함을 분명히 말합니다. 그런데 어떻게 하는 것이 우리 영혼을 사랑하는 것입니까? '지혜를 얻어야' 합니다. 정말 그렇습니다. 하늘의 지혜를 얻어야 합니다. 그 지혜가 담긴 말씀을 읽는 것은 우리 영혼을 사랑하는 행위들입니다.

이 밖에도 잠언 곳곳에 우리 영혼을 사랑하고 지키는 길을 알려 주고 있습니다. 먼저 인자한 사람, 너그러운 사람이 되어야 합니다(잠 11:17). 그리고 훈계받기를 좋아해야 합니다(잠 15:32). 또 자기 행실을 삼가야 하며(잠 19:16), 입과 혀를 지켜야 합니다(잠 21:23). 그리고 발도 삼가야 합니다. 아무 곳이나 가면 안 됩니다(잠 22:5). 이 모든 것들을 통해 우리는 영혼을 지킬 수 있습니다. 그리고 이런 것들이 우리 영혼을 사랑하는 방법입니다.

검색 말고 사색하는 지혜자

"사람의 마음에 있는 모략은 깊은 물 같으니라 그럴지라도 명철한 사람은 그 것을 길어 내느니라"(잠 20:5).

오늘 말씀은 놀라운 이야기를 합니다. 그것은 바로 사람의 마음속 깊은 곳에 모략, 즉 지혜가 숨겨져 있다는 것입니다. 생각할수록 놀라운 이야기입니다. 그런데 하나님이 내 마음속 깊은 곳에 숨겨 두신 그 지혜들을 어떻게 해야 끄집어낼 수 있을까요?

깊은 바다에 침몰한 보물선이 있다고 합시다. 어떻게 해야 그 속에 있는 보물들을 끄집어낼 수 있습니까? 다른 방법은 없습니다. 보물선이 침몰해 있는 곳까지 잠수해 들어가야 합니다. 마찬가지가 아닐까요? 하나님이 각 사람의 마음속 깊은 곳에 숨겨 두신 지혜를 찾아 길어 내려면 우리 역시 마음속 깊은 곳으로 침잠해 들어가야만 합니다.

마음속 깊은 곳에 숨겨진 지혜를 찾아 잠잠히 생각하는 것을 세상에서는 사색 혹은 명상이라고 하고, 기독교에서는 묵상이라고 합니다. 참 신기한 것은 우리가 그렇게 사색하며 묵상할 때 이전에는 미처 깨닫지 못했던 것들을 깨닫고, 보지 못하던 진리들을 보기 시작한다는 것입니다. 오늘 말씀 그대로 하나님이 숨겨 두신 지혜를 발견하고 길어 내는 것입니다.

그런데 오늘날 현대 사회의 문제가 무엇입니까? 스마트폰이 점령한 이 시대에 사람들은 '사색'보다는 '검색'하는 데 대부분의 시간을 보낸다는 것입니다. 검색은 참으로 편리합니다. 궁금한 것의 지식, 정보 등을 검색엔진이 쉽게 찾아주기 때문입니다. 그런데 사실 검색을 통해 우리가 얻을 수 있는 것들은 정보일 뿐 번뜩이는 지혜는 아닙니다.

하나님이 우리 인간들에게 숨겨 두신 번뜩이는 지혜는 절대 검색으로는 발견할 수 없습니다. 오직 잠잠히 사색할 때, 우리 그리스도인들이 쓰는 표현을 빌리면 묵상할 때만 캐낼 수 있습니다. 검색이 아니라 묵상과 사색을 통해 하나님이 우리 인생에 이미 허락하신 보물과 같은 지혜를 발견하고 길러 내는 은혜가 있기를 바랍니다.

시력 2.0보다 좋은 눈이 필요합니다

"선한 눈을 가진 자는 복을 받으리니…"(잠 22:9).

우리는 정기적으로 얼마나 잘 보는지를 알기 위해 시력 검사를 합니다. 그런데 하나님은 '시력 좋은 눈'이 아니라 '얼마나 선한 눈인가'를 측정하십니다.

세상은 남들이 못 보는 것을 보면 눈이 좋다고 합니다. 관찰력과 눈썰미가 뛰어나다고 합니다. 예를 들어 한국 사람들은 옥의 티를 찾아내면 관찰력이 뛰어나다고 합니다. 그런데 하나님은 반대입니다. 옥의 티를 찾아내는 눈이 아니라, 부족한 것, 좋아 보이지 않는 것에서도 빛나는 점을 발견하는 선한 눈을 좋아하십니다.

옥의 티를 찾아내는 사람들이 모인 공동체는 끔찍합니다. '검지'손가락으로 서로 가리키며 지적하기 때문입니다. 반대로 부족한 중에도 좋은 점을 찾는 선한 눈을 가진 공동체는 아름답습니다. '엄지'를 쳐들고 박수를 치기 때문입니다.

지난여름 라식 수술을 했습니다. 그런데 가만히 생각해 보니 우리에게 정말 필요한 것은 영적 라식 수술입니다. 세상이 측정하는 시력은 2.0이냐 1.0이냐가 중요합니다. 그런데 선한 눈의 기준은 예수님의 눈입니다. 어부 베드로에게서 사람 낚는 어부의 가능성을 보시고, 뽕나무 위 삭개오에게서도 제자의 가능성을 보신 눈. 거기에 박해자 사울에게서 이방인 선교의 가능성을 보신 그 눈.

우리 눈이 영적으로 수술되어 주님 닮은 선한 눈을 가지기를, 우리 교회가 그런 선한 눈을 가진 이들로 가득한 공동체 되기를 진심으로 소원합니다.

친구 따라 강남도 가고 천국도 갑니다

"²⁴ 노를 품는 자와 사귀지 말며 울분한 자와 동행하지 말지니 ²⁵ 그의 행위를 본받아 네 영혼을 올무에 빠뜨릴까 두려움이니라"(잠 22:24-25).

"인간은 타자의 흔적으로 이루어져 있다"는 말이 있습니다. 나는 그동안 내가 만나온 사람을 통해 형성된 존재라는 말입니다. 정말 그렇습니다. 자녀들에게는 부모의 모습이 고스란히 보입니다. 유전적으로 물려받은 외모만이 아니라, 부모의 말투, 가치관, 세계관이 그대로 새겨져 있습니다. 부모와 함께 많은 시간을 보냈기 때문입니다.

어느 정도 성장하면 점점 내 안에 내가 사귄 친구들의 말투, 생각, 관심사가 침투해 들어와 자리를 잡습니다. 친구들과 더 많은 시간을 보내기 때문입니다. 이 시기에 좋은 친구들을 만나면 좋은 영향을 받아서 좋은 흔적들이 새겨지지만, 그렇지 않은 친구를 만나면 내 삶 구석구석에 이상한 흔적들이 새겨집니다.

그래서 인생에서 제일 중요한 것은 만남입니다. 내가 누구를 만나 시간을 보내고 교제하느냐가 나의 인생을 결정하기 때문입니다. 친구 따라 강남도 가고 천국도 가게 되어 있습니다. 복 중의 복은 만남의 복입니다. 만남의 복을 위해 기도해야 합니다. 사드락, 메삭, 아벳느고는 다니엘과 만나 사귀다가 함께 지혜로운 자가 되었고, 함께 영광스러운 삶을 살았습니다. 예수님의 제자들은 3년간 예수님을 따라다니다가 존귀한 인생이 되었습니다.

그런데 고라, 다단, 아비람은 서로 불평을 주고받다가 함께 망했습니다.

내가 지금 만나고 있는 사람은 누구입니까? 그를 통해 긍정적인 흔적이 내 안에 새겨지고 있습니까? 아니, 나는 누군가의 인생에 아름다운 흔적을 새겨 주고 있습니까?

지혜와 명철과 지식의 원천은 한 분입니다

"3 집은 지혜로 말미암아 건축되고 명철로 말미암아 견고하게 되며 4 또 방들은 지식으로 말미암아 각종 귀하고 아름다운 보배로 채우게 되느니라"(잠 24:3-4).

겉으로 보기에는 사람들이 다 비슷해 보이지만 사실 속은 매우 다릅니다. 어떤 사람은 참 아둔하고 미련합니다. 단지 지식이 부족한 것이 아니라 지혜와 명철이 없기 때문입니다. 게다가 그 속이 비좁고 마음에 여유까지 없으니 입술에는 불평과 정죄가 가득합니다. 이런 사람들은 사고의 폭이 참으로 좁고, 깊이는 얕으며, 마음의 방이 빈궁하고 누추합니다.

그런데 어떤 사람을 만나면 그 생각의 깊이로 인해 놀랄 때가 있습니다. 어찌 그리 한 마디 한 마디가 지혜로운지, 남들이 생각해 내지 못하는 신선한 생각을 어떻게 그렇게 쉽게 떠올리는지, 인격의 품은 또 얼마나 넓고 풍성한지 감탄합니다. 정말 마음의 방마다 아름다운 보배가 가득 차 있는 것 같습니다.

같은 세상에 사는데 왜 이런 차이가 나는 것일까요? 오늘 말씀에 따르면 우리 인생을 빛낼 세 가지 건축 재료, 즉 지혜와 명철과 지식이 있는가 없는가의 차이인 것 같습니다. 본문에서도 우리 인생에 지혜가 있어야 집이 아름답게 건축되고, 명철이 있어야 견고해지며, 지식이 있어야 마음의 방들이 각종 귀하고 아름다운 보배로 채워진다고 하지 않습니까? 정말 그런 것 같습니다. 원래 부족한 인생이지만 지혜와 지식이 있고 명철하면, 사람의 내면이 깊어지고 인생이라는 집이 아름다워집니다. 반면 미련하고 아둔하며 무식하면, 인생의 집은 말할 수 없이 누추하고 빈궁해집니다.

　비슷해 보이는 이 세 가지는 히브리어로 분명히 구별됩니다. 호크마(지혜), 테부나(명철), 비나(지식)입니다. 물론 영어로도 wisdom(지혜), understanding(명철), knowledge(지식)로 분명히 다른 단어가 사용됩니다. 그러나 이 세 단어의 원천은 한 분이심을 알아야 합니다. 바로 여호와 하나님이십니다.

"대저 여호와는 지혜를 주시며 지식과 명철을 그 입에서 내심이며"(잠 2:6).

　지혜와 지식과 명철을 주시는 분은 하나님 한 분입니다. 하나님이 이 땅을 살아가는 우리를 불쌍히 보시고 지혜와 명철과 지식을 부어 주시기를, 그래서 빈궁한 인생의 집이 풍성하고 아름다워지는 은혜가 있기를 간절히 소원합니다.

가장 지혜로운 기도

"⁷ 내가 두 가지 일을 주께 구하였사오니 내가 죽기 전에 내게 거절하지 마시옵소서 ⁸ 곧 헛된 것과 거짓말을 내게서 멀리 하옵시며 나를 가난하게도 마옵시고 부하게도 마옵시고 오직 필요한 양식으로 나를 먹이시옵소서 ⁹ 혹 내가 배불러서 하나님을 모른다 여호와가 누구냐 할까 하오며 혹 내가 가난하여 도둑질하고 내 하나님의 이름을 욕되게 할까 두려워함이니이다"(잠 30:7-9).

성경에는 기도에 관한 이야기가 많이 나옵니다. 아브라함과 모세의 중보기도, 야베스의 기도, 솔로몬의 기도, 한나의 기도, 히스기야의 기도, 엘리야의 기도, 여호사밧의 기도, 그리고 예수님이 제자들에게 가르쳐 주신 기도와 주님이 땀방울이 핏방울이 되도록 간절히 기도하신 겟세마네의 기도 등이 떠오릅니다. 이렇게 많은 기도가 성경에 수록되어 있는데 흥미롭게도 '지혜의 책'이라고 알려진 잠언에는 딱 한 편의 기도가 등장합니다. 그것이 바로 '아굴의 기도'입니다.

아굴은 하나님께 평생 딱 두 가지만 구합니다. 첫 번째, 헛된 것과 거짓말을 내게서 멀리하여 달라고 구합니다. 두 번째,

자기를 가난하게도 말고 부하게도 말고 오직 필요한 양식으로만 먹여 주시기를 구합니다.

그런데 자세히 살펴보니 아굴은 두 번째 기도 제목에만 구하는 이유를 덧붙이고 있습니다. 왜 그는 부연 설명하는 것일까요? 듣는 이가 오해할 수 있기 때문입니다. 가난도 부함도 싫다는 기도를 얼핏 들으면 아굴이 적당함의 가치, 중용의 덕, 자족의 지혜를 추구하는 사람이라 생각할 수 있기 때문입니다. 그래서 아굴은 단호히 설명합니다. 자기가 그것을 구하는 이유는 사실 '하나님 때문'이라고 말입니다. 적당함이 좋아서가 아니라 물질이 너무 많아 자기가 인생에서 하나님을 잊어버릴까 두렵고, 반대로 물질이 너무 없어 하나님의 이름을 욕되게 하고 싶지 않다는 것입니다. 그러니까 그의 관심은 가난이나 부함이 절대로 아닙니다. 중용이나 자족도 전혀 아닙니다. 그의 온 관심은 하나님에게 있습니다. 인생에서 하나님을 놓치거나, 하나님을 욕되게 할까 봐 노심초사하는 것입니다.

솔로몬은 바로 이 기도문을 잠언에 수록합니다. 이 기도가 가장 지혜로운 기도라 생각했기 때문일 것입니다. 저도 무릎을 치며 동의합니다. 정말 무엇이 가장 지혜로운 기도이겠습니까? 하나님을 놓치지 않는 것입니다. 우리는 무엇을 구하고 있습니까? 아굴이 그렇게 두려워했던 하나님은 놓치고, 아굴이 대수롭지 않게 여겼던 성공과 부함을 어리석게 구하고 있지는 않습니까?

하나님 경외가 가장 큰 지혜입니다

"고운 것도 거짓되고 아름다운 것도 헛되나 오직 여호와를 경외하는 여자는 칭찬을 받을 것이라"(잠 31:30).

존 비비어(John Bevere)의 책《경외》에 나오는 이야기입니다.

1980년대 유명했던 한 텔레반젤리스트(텔레비전 부흥사)가 추락한 일이 있었습니다. 그는 7년이나 불륜을 저질렀고 급기야 우편 사기를 저지른 혐의로 체포되었습니다. 그가 감옥에 갇힌 뒤 4년이 지났을 때 존 비비어가 그를 만난 적이 있습니다. 그에게 존 비비어가 물었습니다.

"언제 예수님에 대한 사랑이 식었습니까?"

그는 더없이 진지하게 답했습니다.

"예수님을 향한 제 사랑은 한 번도 식은 적이 없습니다."

충격을 받은 존 비비어는 정색하며 말했습니다.

"7년이나 불륜을 저지르고 우편 사기로 체포되어 들어온 사람이 어떻게 그 7년 동안 예수님을 사랑했다고 말할 수 있지요?"

그는 여전히 침착하게 말했습니다.

"저는 내내 예수님을 사랑했습니다. 하지만 저는 하나님을 두려워하지 않았습니다."

잠시 후 그는 또 말했습니다.

"저 같은 사람이 무수히 많습니다. 예수님은 사랑하지만 하나님은 두려워하지 않는 사람들 말입니다."

'예수님을 사랑하지만 하나님을 두려워하지 않았다'는 말이 마음에서 떠나지 않습니다. 결국 하나님을 두려워하지 않는다면, 즉 경외하지 않는다면 그분을 사랑한다는 고백도 어리석고 공허할 수 있음을 깨닫습니다.

가만히 보니 지혜의 책 잠언이 마지막으로 언급하는 것은 바로 '경외'입니다. 그렇다면 가장 큰 지혜는 무엇입니까? 다름 아닌 하나님을 경외하는 것입니다. 하나님을 두려워하는 것입니다. 그것이 모든 지혜의 근본이기 때문입니다.

믿음은 처음부터 끝까지 신뢰입니다

"너의 행사를 여호와께 맡기라 그리하면 네가 경영하는 것이 이루어지리라"(잠 16:3).

오늘 말씀은 "너의 행사를 여호와께 맡기라"고 부탁합니다. 그런데 맡기기 위해서는 처음부터 끝까지 필요한 것 한 가지가 있습니다. 바로 '신뢰'입니다. 믿는 것입니다.

일단 맡기기 전부터 신뢰가 필요합니다. 믿지 못하는 대상에게 귀한 것들을 절대로 맡길 수 없기 때문입니다. 그러니 우리는 인생을 하나님께 맡기기 전에 가장 먼저 하나님을 믿고 신뢰해야 합니다.

그리고 일단 믿고 맡겼다면 다시 찾을 때까지 굳게 믿는 신뢰도 필요합니다. 왜냐하면 한 번 맡겼는데 계속 잘 맡고 있는지 확인하려는 것은 실례이기 때문입니다. 예를 들어, 목욕탕에 들어가면서 카운터에 귀중품을 맡긴 사람이 5분마다 와서 자기 물건이 잘 있는지 확인한다면 어떻게 하겠습니까? 제가 카운터 직원이라면 "그냥 다시 가져가십시오"라고 할 것 같습니다. 이 5분마다 확인하는 사람이 바로 우리 모습입니다. 우리는 말로는 하나님께 인생을 맡겼다고 하면서도 자꾸 의심합니다. "하나님, 정말 제 인생을 잘 맡고 계십니까?"라고 묻습니다.

마지막으로, 가장 중요한 점이 있습니다. 그것은 결과까지도 신뢰하는 것입니다. 혹 내 생각과 다르더라도 하나님은 나에게 가장 좋은 것을 주시는 분임을 믿어야 한다는 말입니다. 그런데 많은 사람이 본인이 생각하던 것과 다른 결과가 나오면 하나님을 원망합니다. 그러나 우리는 믿어야 합니다. 하나님이 주시는 결과가 최선임을 말입니다.

결국 신앙생활은 처음부터 끝까지 하나님을 '믿느냐'의 문제입니다. 내 인생을 하나님께 정말 맡기고 싶습니까? 그렇다면 먼저 하나님을 신뢰하십시오. 만약 아직 하나님을 신뢰하는 믿음이 없다면, 예수님 앞에 무릎 꿇으며 "내가 믿나이다 나의 믿음 없는 것을 도와 주소서"(막 9:24)라고 외쳤던 한 남자처럼, 우리도 믿음을 구하며 나아가야 합니다.

내 뜻대로 안 되어서 참 감사합니다

"사람이 마음으로 자기의 길을 계획할지라도 그의 걸음을 인도하시는 이는 여호와시니라"(잠 16:9).

오늘 말씀은 제 인생 고백이기도 합니다. 인생을 돌아보니 정말 제 계획대로 안 된 것투성이입니다.

목사가 되지 않으려고 했습니다. 외무고시를 공부해서 외교관이 되려고 인생의 계획을 잡았습니다. 그런데 하나님이 개입하셔서 그 뜻을 좌절시키셨습니다. 신학교에 갔지만 목회보다는 학교에서 가르치고 싶었습니다. 그래서 미국으로 유학을 떠났습니다. 제 계획은 2년 석사, 5년 박사 마치고 정확히 7년 뒤에는 한국으로 돌아가는 것이었습니다. 그런데 그렇게 되지 않았습니다.

목사 안수를 2010년에 받았지만 개척은 절대 하지 않으려고 했습니다. 개척교회 목사 아들로서 개척의 어려움을 너무나 잘 알았기 때문입니다. 그런데 하나님은 제 계획과 달리 개척의 길로 인도하셨습니다. 감사하게도 교회가 빠르게 성장했습니다. 그러나 건축은 하지 않으려고 했습니다. 건축 때문에 어려움을 겪었다는 교회와 목사님들 이야기를 많이 들었기 때문입니다. 그런데 역시 제 뜻과 달리 교회는 건축을 결정했습니다. 가만히 돌아보니 인생에서 제 뜻대로 된 것이 거의 없습니다. 하나님의 인도와 손짓은 모두 저의 인생 항로를 좌절시키신 것뿐이었습니다. 제 계획을 부서뜨린 것뿐이었습니다.

그런데 제 뜻대로 안 되어서 너무 감사합니다. 제 뜻대로 안 되었기에 감히 생각하지도 못한 하나님의 놀라운 은혜를 경험하고 있기 때문입니다. 만약 인생이 제 뜻대로 되었다면 어찌 되었을까를 생각해 보니 정말 끔찍합니다.《빨강머리 앤》에서 주인공 앤 셜리가 남긴 명대사가 있습니다.

"생각대로 되지 않는 건 참 멋진 일이에요. 생각지도 않은 일이 생기잖아요!"

정말 그렇습니다. 우리 뜻대로 되지 않고 하나님의 뜻대로 인도 받는 것이 가장 큰 축복입니다. 그래서 감사하는 마음으로 저도 이렇게 고백할 수밖에 없습니다.

"하나님, 제 생각대로 되지 않아서 너무 감사합니다. 제 인생에 생각지도 않은 일이 생기게 하신 하나님을 찬양합니다." 위와 같은 고백이 우리 모두에게 있기를 소원합니다.

내 판단을 끝까지 신뢰할 수 있습니까

"어떤 길은 사람이 보기에 바르나 필경은 사망의 길이니라"(잠 16:25).

오늘 본문은 짧지만 결코 그냥 지나칠 수 없는 한 구절입니다. 분명 우리 눈에 좋아 보여서 선택했는데 그 길의 끝이 사망일 수 있다는 말씀이기 때문입니다.

하와도 뱀의 유혹을 받아 선악과를 바라보니 분명 그것이 "먹음직도 하고 보암직도 하고 지혜롭게 할 만큼 탐스럽기도"(창 3:6) 해 보였다고 성경은 말합니다. 정말 좋아 보였습니다. 그런데 그 길의 끝에는 사망이 기다리고 있었습니다.

아브라함의 조카 롯도 마찬가지입니다. 선택의 갈림길에서 그는 소돔과 고모라를 택합니다. 그 이유는 물이 풍부한 그곳이 '자기 눈에' 좋아 보였기 때문입니다. 분명, 보기에 좋았습니다. 그런데 막상 살아 보니 그곳은 하나님의 사람이 살 곳이 되지 못했습니다. 베드로후서 말씀에 따르면 그는 "무법한 자들의 음란한 행실로 말미암아 고통 당"(벤후 2:7)했다고 되어 있기 때문입니다. 좋아 보였지만 전혀 좋지 않았습니다.

이 두 가지 에피소드를 통해 성경은 우리에게 묻습니다. 과연 "네 눈의 판단을 어디까지 신뢰할 수 있느냐?"고 말입니다. 눈만이 아닙니다. 내가 가진 오감에 근거한 판단은 언제나 틀릴 수 있다는 것을 우리는 겸허히 인정해야 합니다. 이것을 인정할 때 우리는 비로소 하나님 앞에 엎드리게 됩니다. 길의 시작만이 아니라 끝도 아시는 하나님을 찾게 됩니다.

"하나님, 제 눈에는 이 사업이 좋아 보이고, 이 사람이 좋아 보이지만, 저는 결말을 모르니 하나님이 인도해 주세요"라고 기도하는 인생이 됩시다. 신앙생활을 하는 사람은 지혜로워질 수밖에 없습니다. 길의 시작밖에 모르는 나의 판단이 아니라, 길의 끝도 아시는 하나님을 의지하고 그분의 인도대로 사는 삶이기 때문입니다. 나의 가는 길을 아시는 하나님을 신뢰합니다.

하나님께 맡기는 삶이 더 쉽습니다

"사람의 마음에는 많은 계획이 있어도 오직 여호와의 뜻만이 완전히 서리라"(잠 19:21).

오늘 본문에는 크게 세 가지가 대조되어 나타나 있습니다.

사람의 계획 vs 여호와의 뜻

많은 vs 오직

있어도 vs 완전히 서리라

어떻습니까? 분명한 차이가 있습니다.

왜 사람의 계획이 많을까요? 그리고 왜 단단히 서지 못할까요? 간단합니다. 사람은 매우 변덕스럽기 때문입니다. 그러니 세운 계획이 자꾸 수정될 수밖에 없습니다. 게다가 아무리 계획을 촘촘하게 잘 세웠다 할지라도 인간은 그것을 그대로 실행할 능력이 없습니다.

그러나 하나님은 다르십니다. 하나님은 모든 것을 아시며, 또한 세운 뜻을 그대로 행할 의지와 능력도 충만하신 분입니다. 그러니 사실 내 계획대로 되는 삶보다 하나님의 인도를 받는 삶을 구하는 것이 훨씬 더 지혜롭습니다. 내가 계획한다고 모두 이루어지는 것도 아니고, 또 내가 세운 계획대로 이루어진다고 내 인생에 꼭 유익한 것도 아니기 때문입니다.

제 인생을 돌아보니 제 계획대로 되지 않은 것투성이입니다. 그런데 분명히 고백하는 것은 계획대로 되지 않아서 너무 감사하다는 것입니다. 내 계획이 아니라 하나님의 뜻대로 인도받는 삶, 그 삶이 훨씬 더 복된 줄로 믿습니다. 나의 갈 길 다가도록 인도하시는 하나님을 찬양합니다.

"13 그는 뜻이 일정하시니 누가 능히 돌이키랴 그의 마음에 하고자 하시는 것이면 그것을 행하시나니 14 그런즉 내게 작정하신 것을 이루실 것이라 이런 일이 그에게 많이 있느니라"(욥 23:13-14).

하나님이 우리 교회와 인생에 작정하신 뜻이 그대로 이루어지기를 간절히 소원합니다.

나에게 하나님의 성품이 새겨지기를

"³ 인자와 진리가 네게서 떠나지 말게 하고 그것을 네 목에 매며 네 마음판에 새기라 ⁴ 그리하면 네가 하나님과 사람 앞에서 은총과 귀중히 여김을 받으리라"(잠 3:3-4).

인자와 진리는 하나님의 성품입니다. 하나님은 우리에게 인자와 진리를 마치 목걸이처럼 목에 매고 다니라고 말씀하십니다. 목걸이는 장식이니, 우리가 다른 것보다도 하나님의 성품으로 단장하기를 원하시는 듯합니다. 하나님이 요구하시는 것이 한 가지 더 있습니다. 인자와 진리를 마음판에 새기는 것입니다. 하나님은 우리 외면과 내면 모두에 하나님의 성품이 반영되기를 원하시는 듯합니다.

나의 외면을 하나님의 성품으로 단장하는 것은 그리 어려운 일이 아닙니다. 목걸이를 거는 것이 그리 어려운 일이 아닌 것과 마찬가지입니다. 문제는 마음판에 새기는 것입니다. 외면이 아닌 내면 깊은 곳에, 하나님의 성품인 인자와 진리가 새겨지는 것은 정말 어렵습니다.

내 외면에 하나님의 성품이 드러나고 있습니까? 내면 깊은 곳에도 하나님의 성품이 새겨지고 있습니까? 내 삶에 하나님의 성품이 보이는가는 주변 사람들이 잘 알 것입니다. 그런데 내 마음속 깊은 곳에 하나님의 성품이 새겨졌는지는 오직 하나님만 아십니다. 사람은 외모밖에 보지 못하지만 하나님은 나의 가장 깊은 곳까지 보시기 때문입니다.

우리의 외면이 하나님의 인자와 진리로 더 아름답게 단장되기를, 그리고 마음에도 어제보다 조금 더 또렷하게 주님의 성품을 새기기를 간절히 소원합니다.

내 하나님을 소개해 봅시다

"여호와의 이름은 견고한 망대라 의인은 그리로 달려가서 안전함을 얻느니라"(잠 18:10).

오늘 말씀에 따르면 "여호와의 이름은 견고한 망대"라고 합니다. 그런데 왜 여호와의 '이름'이 우리가 피할 견고한 망대가 되는 것일까요?

출애굽기 3장을 보면 여호와 하나님은 모세에게 자신의 이름을 알려 주십니다. 그런데 그 이름이 얼핏 보면 수수께끼 같습니다.

"하나님이 모세에게 이르시되 나는 스스로 있는 자이니라…"(출 3:14).

"스스로 있는 자"란 무엇일까요? 사실 이 이름 속에는 놀라운 비밀이 숨어 있습니다. 이 구절을 영어 성경(NIV)은 "I am who I am"이라고 번역합니다. be 동사는 '존재하다'라는 뜻만이 아니라 '~이다'라는 뜻도 있어서, 이 문장은 '나는 스스로 존재하는 자'뿐만 아니라, '나는 ~하는 자다'라는 의미도 됩니다. 즉 하나님의 이름은 무한정 열려 있다는 뜻입니다. 놀라운 번역입니다.

예를 들어 치유하시는 하나님을 경험한 사람에게 하나님은 "I am your healer"가 되십니다. 공급하시는 하나님을 경험한 사람에게 하나님은 "I am your provider"가 되십니다. 목자 되시는 하나님을 경험한 사람에게는 "I am your shepherd"가 되는 것입니다. 놀랍게도 하나님은 내가 경험한 만큼, 내가 체험한 만큼 더 알게 되는 분입니다. 이것이 그 이름에 담긴 비밀입니다.

그렇다면 누가 복된 사람입니까? 하나님을 많이 알고, 많이 경험한 사람입니다. 그런 면에서 성경 인물 중 가장 복 받은 사람은 다윗입니다. 그는 그 누구보다도 하나님을 많이 알고 경험했기 때문입니다. 다윗은 사무엘하 22장에서 하나님을 향해 나의 반석, 나의 요새, 나의 구원의 뿔, 나의 반석, 나의 피할 피난처라고 고백합니다. 살면서 경험한 하나님이 그렇게 많았기 때문입니다. 참으로 부럽습니다.

나는 어떤 하나님을 경험했습니까? 하나님은 내게 어떤 분이십니까? 다윗처럼 하나님을 많이 경험하는 삶 되기를 축원합니다.

하나님만이 죄 문제를 해결하십니다

"내가 내 마음을 정하게 하였다 내 죄를 깨끗하게 하였다 할 자가 누구냐"
(잠 20:9).

우리는 죄를 가릴 수 있습니다. 덮어 두고 모른 체하며 살 수도 있습니다. 그런데 죄를 깨끗하게 씻지는 못합니다. 세탁 기술이 발달해서 웬만한 찌든 때와 얼룩은 다 깨끗하게 씻을 수 있는 세상이지만, 제아무리 좋은 비누로도 죄는 못 씻습니다. 돈으로 많은 것을 해결할 수 있는 세상이지만 죄 문제는 일확천금을 가져와도 절대 해결하지 못합니다. 가끔 우리는 착한 일과 의로운 행동으로 지은 죄를 무마해 보려고 하지만, 선행과 구제가 죄를 해결하는 방법은 아닙니다. 정말로 인간은 죄 문제를 해결할 수 없습니다. 그럼 어찌해야 합니까. 죄 문제는 오직 우리의 창조주이시며 재판장이신 하나님만이 해결해 주실 수 있습니다. 이 사실을 깨달은 다윗은 기도합니다.

"¹ 하나님이여 주의 인자를 따라 내게 은혜를 베푸시며 주의 많은 긍휼을 따라 내 죄악을 지워 주소서 ² 나의 죄악을 말갛게 씻으시며 나의 죄를 깨끗이 제하소서"(시 51:1-2).

그렇습니다. 오직 하나님만이 우리의 죄를 씻어 주시고 깨끗하게 하실 수 있습니다. 그런데 문제가 있습니다. 하나님은 또한 공의의 하나님이시라는 것입니다. 공의로우신 하나님은 이미 '죄의 삯은 사망'으로 정해 두셨습니다. 분명히 죄를 지으면 죽어야 합니다. 그런데 기쁜 소식이 있습니다. 원래는 죄지은 내가 죽어야 하는데 하나님이 나의 죄를 누군가가 대신 치르도록 허락하셨다는 말입니다. 창세기 3장 21절을 보십시오. 아담과 하와가 죽어야 하는데 대신 동물(아마 양이었을 것입니다)이 죽었습니다. 출애굽기 12장을 보십시오. 유월절 그날에도 이스라엘 온 가족을 대신하여 양 한 마리가 죽었습니다. 레위기 16장을 보십시오. 매년 이스라엘 민족 전체의 죄를 대신하여 속죄양이 죽었습니다.

더 감사한 사실이 무엇입니까? 더는 매년 속죄양을 잡을 필요가 없다는 것입니다. 왜냐하면 하나님의 아들 예수 그리스도께서 온 인류를 위한 속죄양이 되셨기 때문입니다. 그래서 세례 요한이 예수님을 보고 이렇게 말합니다. "보라 세상 죄를 지고 가는 하나님의 어린양이로다"(요 1:29).

우리는 이 사실을 믿는 자들입니다. 예수님의 보혈이 우리의 모든 죄를 깨끗하게 하심을 믿습니다.

한결같기를…

"한결같지 않은 저울 추와 한결같지 않은 되는 다 여호와께서 미워하시느니라"(잠 20:10).

한국에 살고 있는 부모님이 출가하여 미국에서 살고 있는 아들과 딸 집을 각각 방문했다고 합니다. 먼저 딸 집에 방문했는데, 사위가 하루 종일 일해서 피곤한데도 퇴근 후 저녁상 차리는 걸 돕고, 설거지를 하고, 집안 청소를 하고, 아이들과 잘 놀아 주기까지 했습니다. 그 모습이 참 대견했습니다. 그런 사위를 흐뭇하게 쳐다보면서 부모님이 말합니다. "우리 딸이 참 시집을 잘 갔어. 어쩜 저렇게 자상한 남편을 만났는지 감사하네."

한 달 뒤에 아들 집을 방문했습니다. 그날따라 직장에서 늦게 퇴근한 아들이 제대로 쉬지도 못하고 저녁상 차리는 걸 도왔습니다. 물론 며느리도 같이 일했지만 암만 봐도 아들이 하는 일이 더 많아 보였습니다. 밥을 먹고 나니 설거지며 집안 청소까지 다 아들이 했습니다. 저녁시간 아이들과 놀아 주는 것도 아들이었습니다. 그 모습을 보니 울화통이 터집니다. 참다

못해 야단을 칩니다. "아니, 하루 종일 일한 녀석이 집안일 하느라 쉬지도 못하네! 아이고 내가 이러라고 너 장가 보낸 줄 아니? 며늘아기는 도대체 뭐 하는 애냐?"

정확히 똑같은 모습을 봤습니다. 그런데 신기합니다. 딸 집을 방문했을 때는 흐뭇했는데, 아들 집을 방문하니 화가 납니다. 왜 그렇습니까? '한결같지 않은 저울 추, 한결같지 않은 되' 즉 이중 잣대를 들이댔기 때문입니다.

정치권의 공방을 보면서 쓴웃음을 짓는 이유도 자기편에는 관대한 저울을, 상대 진영에게는 가혹한 저울을 들이밀기 때문입니다. 요즘 말로 '내가 하면 로맨스고, 남이 하면 불륜'입니다. 그런데 오늘 말씀을 보니 다 하나님이 싫어하시는 일들입니다.

그런데 어디 하나님이 한결같지 않은 '저울추'만 미워하시겠습니까. 상황에 따라 달라지는 한결같지 못한 '신앙인'들의 모습은 얼마나 더 싫으시겠습니까? 어려운 일이 닥칠 때는 주님께 엎드려 매달리지만, 조금만 편해지면 주님을 떠나는 사람들. 처음에는 그 누구보다도 교회를 아름답고 겸손하게 섬기는 것 같지만, 조금만 지나면 나태해지고 불평으로 가득해지는 모습들 말입니다. 한결같지 않은 저울추, 신실하지 못한 신앙생활을 내려놓고 '어제나 오늘이나 영원토록 동일하신' 예수님을 닮아 가는 은혜가 있기를 바랍니다.

지금 하나님 속이 말이 아닙니다

"사람이 귀를 돌려 율법을 듣지 아니하면 그의 기도도 가증하니라"(잠 28:9).

부모와 거의 대화를 하지 않는 사춘기 아이가 있습니다. 학교에 다녀오면 자기 방에 들어가 문을 잠그고 홀로 시간을 보냅니다. 엄마가 식탁에서 무슨 말이라도 하려고 하면 귀를 막으며 말합니다. 듣고 싶지 않다고, 엄마는 아무것도 모른다고, 엄마의 요구가 나를 숨막히게 한다고 말입니다.

어느 날 친구들이 많이 가지고 있는 '에어팟'이 아이의 눈에 들어왔습니다. 그때부터 아이가 엄마에게 부쩍 말을 많이 겁니다. 기회만 있으면 왜 에어팟이 필요한지 설명합니다. 나를 사랑한다면 꼭 이번 생일 선물로 그것을 사주어야 한다고 강하게, 간절히 부탁합니다.

평소답지 않게 아침에도 일찍 일어나 엄마에게 선물을 상기시키고, 때로는 밤늦게까지 엄마를 설득합니다. 읍소만 하는 것이 아니라 때로는 협박도 합니다. 에어팟을 사주기 전까지는 밥도 안 먹겠다고, 물도 안 마신다고 말입니다. 지켜보던 엄마는 결국 아이가 원하는 것을 사줍니다. 아이가 이 선물을 받음으로 엄마의 사랑을 더욱 느끼고 앞으로 엄마와 소통하는 자녀로 건강하게 자라 주기를 바라기 때문입니다.

드디어 생일에 아이는 오매불망 바라던 에어팟을 손에 넣었습니다. 그런데 아이가 '땡큐' 한마디만 남긴 뒤 다시 자기 방에 들어가 문을 잠급니다. 옛 생활로 돌아간 아이에게 엄마가 무슨 말을 하려고 하지만, 아이는 귀를 닫고 말합니다.

"엄마의 요구는 나를 숨막히게 해."

그런데 몇 달이 지난 뒤, 아이가 다시 엄마를 졸졸 따라다니기 시작합니다. 이유는 하나입니다. 원하는 것이 또 생겼기 때문입니다. 엄마의 마음은 지금 행복할까요, 아니면 속이 뒤집힐까요?

'엄마' 대신 '하나님'을, '아이' 대신 '내 이름'을 넣어 다시 읽어 보기 바랍니다. 왜 하나님이 본문 말씀을 하셨는지 충분히 이해할 수 있을 것입니다.

내 죄를 다 알고도 덮어 주시니 은혜입니다

"사람의 행위가 자기 보기에는 모두 정직하여도 여호와는 마음을 감찰하시느니라"(잠 21:2).

"열 길 물속은 알아도 한 길 사람 속은 모른다"는 속담이 있습니다. 정말 그렇습니다. 수십 년을 친하게 지냈어도 친구가 마음속에 무슨 생각을 품고 있는지 잘 모릅니다. 어디 친구뿐입니까? 평생 같이 산 배우자의 마음속도 우리는 다 헤아리지 못합니다.

그런데 본문을 보니 우리 마음속 깊은 곳까지 샅샅이 살피시는 분이 계십니다. 바로 하나님이십니다. 하나님이 내 마음을 감찰하신다는 사실이 누군가에게는 큰 위로가 됩니다. 배우자와 자식들도 내 마음을 몰라주는데, 하나님은 다 아신다니 얼마나 든든합니까? 그런데 어떤 사람들에게는 이 사실이 두려움의 원인인 것 같습니다. 왜냐하면 내 마음속에 나만 알고 있는 어두운 모습들이 있기 때문입니다.

다른 사람들은 절대로 눈치 채지 못하지만, 사실 내 마음속에는 음란, 교만, 시기, 질투, 비방, 수근거림, 자랑, 허무, 비교의식 등 은밀하고 더러운 생각들이 자리 잡고 있습니다. 우리는 누군가의 비밀을 알게 되면 폭로하고 싶어 입이 근질근질한 사람들입니다. 그런데 참 감사한 것은 하나님은 내 속의 비밀스러운 어두움을 다 알고 계심에도 절대로 남들에게 그 사실을 알려 주지 않으신다는 것입니다.

어느 목사님은 설교할 때마다 이런 말로 시작하셨다고 합니다.

"만약 하나님이 나를 아시듯이 여러분이 나를 샅샅이 안다면 절대로 제 설교를 들으려고 하지 않을 것입니다."

저도 그렇습니다. 그런데 하나님은 다 아셔도 덮어 주시는 분입니다. 그 덮어 주시는 은혜 덕분에 저도 이렇게 설교하고 목회하며 살 수 있습니다.

누구나 마찬가지일 것입니다. 하나님이 다 알고도 덮어 주시기에, 그 은혜로 오늘 하루 체면을 지키며 살아갈 수 있습니다. 생각할수록 우리는 은혜 받은 자들입니다. 그러니 하나님이 내 소원을 금방 이루어 주시지 않아도, 내 기도 제목을 더디이루어 주시더라도 내 마음속 전부를 다 아심에도 불구하고 덮어 주시는 은혜를 생각하면 불평할 수가 없습니다.

하나님, 감사합니다. 생각할수록 더 감사합니다.

내 인생의 다음 챕터가 궁금합니까

"사람의 마음의 교만은 멸망의 선봉이요 겸손은 존귀의 길잡이니라"(잠 18:12).

오늘 본문은 영어로 읽으면 더 은혜가 됩니다.

"Before his downfall a man's heart is proud, but humility comes before honor."(NIV)

직역하면 '추락하기 전에 교만한 마음이 있고 존귀가 오기 전에 겸손한 마음이 있다'입니다. 겸손한 자에게는 인생의 다음 챕터에서 존귀가 기다리고 있습니다. 그러나 교만한 마음을 품은 자의 인생 다음 챕터에서는 추락이 기다리고 있습니다.

성경에서 이것을 제대로 경험한 사람은 이스라엘의 초대 왕 사울입니다. 사울은 처음에 매우 겸손한 자로 등장합니다. 얼마나 겸손했는지 자기를 '이스라엘의 가장 작은 지파 베냐민 사람이며, 베냐민 지파 모든 가족 중에 가장 미약한 자'로 소개하기까지 합니다(삼상 9장 참조). 이렇게 겸손한 자를 하나님이 그냥 두시지 않습니다. 그래서 그의 인생 다음 장에서 감히 상상할 수도 없었던 존귀를 경험하게 하십니다. 바로 왕으로 세우신 것입니다. 정말로 오늘 말씀 그대로 "humility comes before honor"입니다.

그런데 왕이 되자 그는 조금씩 변해 갑니다. 겸손했던 마음은 오간 데 없고, 점점 높은 마음을 품습니다. 얼마나 자기를 높게 세우는지 전쟁에 승리하고 나서는 자기를 기념하는 기념비를 세우기까지 합니다. 온통 관심이 '나'가 됩니다. 그러니 사람들이 자기보다 어린 다윗에게 관심과 칭송을 보내는 것을 견딜 수가 없습니다. 마음이 교만해진 것입니다. 이제 그의 인생 다음 장에서 그를 기다리고 있는 것은 추락입니다. 그의 인생 마지막 장을 읽는 것은 사실 매우 고통스럽습니다. 너무나 비참하게 추락하기 때문입니다. 그야말로 "Before his downfall a man's heart is proud"였습니다.

말씀을 묵상하면서 한 사람이 인생의 다음 챕터에서 어떻게 될지 충분히 예상할 수 있겠다는 생각이 들었습니다. 겸손한 사람을 만나면 '하나님이 곧 이 사람을 높이시겠구나' 싶지만, 교만한 사람을 만나면 '하나님이 곧 이 사람을 낮추시겠구나' 싶어지는 것입니다. 그런데 다른 사람의 인생이 아니라 내 인생을 볼 줄 아는 것이 중요합니다. 지금 내 마음이 어떤지 두려운 마음으로 들여다보기 바랍니다. 그리고 인생 다음 장에서 펼쳐질 이야기를 예측해 보기 바랍니다. 무엇이 기다리고 있습니까? 존귀입니까, 추락입니까?

다 쓸 데가 있어 만드셨습니다

"여호와께서 온갖 것을 그 쓰임에 적당하게 지으셨나니 악인도 악한 날에 적당하게 하셨느니라"(잠 16:4).

제 아들 다윗은 모기 알레르기가 있습니다. 어느 날 다윗이 제게 물었습니다.

"아빠, 하나님은 도대체 왜 모기를 만드셨어요?"

사실 저도 궁금한 질문이었습니다만, 아들에게 모르겠다고 할 수는 없으니 대충 둘러댔습니다.

"개구리를 위해서지. 개구리가 파리와 모기를 얼마나 좋아 하는데!"

그러고는 곧바로 인터넷을 검색해 보았습니다. 도대체 모기 가 이 세상에 왜 필요한지 저 역시 너무 궁금했기 때문입니다.

검색을 통해 발견한 사실은 다음과 같습니다. 놀랍게도 모 기의 유충은 흐린 물을 여과하고 깨끗하게 만든다고 합니다. 왜냐하면 모기의 유충은 여과포식자(filter feeders)로서 썩은 나뭇잎, 유기물 찌꺼기, 미생물을 먹어 치우기 때문이랍니다. 또한 모기의 유충은 물고기, 올챙이, 잠자리 등의 먹이가 되며, 모기의 성체는 새, 박쥐, 거미, 개구리의 주요 먹이가 되기에 만약 모기가 멸종된다면 먹이사슬의 균형이 심각하게 깨질 수 있다고 합니다. 그래서 브라질 산타카타리나 연방대학교 카를로스 브리솔라 마르콘데스 박사는 지구상에 절대로 모기가 멸종되면 안 된다고 주장한다고 합니다.

모기가 사라진다면 수만 그루의 식물 역시 멸종될 수 있다고 합니다. 미국 뉴저지 럿거스대학교 디나 퐁세카 박사에 따르면 "모기가 인간에게 위험한 질병을 옮기기도 하지만 생태계에서는 카카오와 같은 열대작물의 수분을 옮기는 매개체 역할도 하고 있기 때문에, 모기가 사라진다는 것은 결국 지구상에 초콜릿이 사라지는 것과도 같다"고까지 설명합니다. 놀라운 사실입니다. 아무 쓸모없어 보이는 모기이지만 사실 이 세상에 너무나 필요한 존재이기 때문입니다. 그래서 오늘 잠언 16장 4절 말씀이 새롭게 다가옵니다.

모기만이 아닙니다. 이 세상에 존재하는 모든 것들은 하나님이 그 쓰임에 적당하게 지으셨습니다. 매년 태풍 때문에 한국이 큰 피해를 보기에 태풍이 없으면 좋겠다고 생각하지만, 사실 태풍이 있어서 바다가 정화되고 지구의 온도가 적당하게 유지된다는 것은 이미 잘 알려진 사실입니다.

우리 몸속 기관도 마찬가지입니다. 맹장 끝에 달려 있는 충수(appendix)를 보고 진화론 창시자인 다윈은 "고릴라나 인간 같은 대형 영장류에만 있는 장기인데 초식 위주로 살던 시절 발달한 장이 퇴행해 남은 기관"이라고 주장한 바 있습니다. 한 마디로 전혀 쓸모없는 기관이라는 것입니다.

그러나 현대에 들어 놀라운 사실이 밝혀졌습니다. 2007년 미국 듀크대학교 의과대학 윌리엄 파커 교수와 2013년 미드웨스턴대학교 헤더 스미스 박사 연구팀에 따르면 임신 11주쯤부터 형성되는 충수는 여러 가지 아미노산 및 호르몬 같은 것을 만들어 태아의 생체 밸런스를 맞추는 데 도움을 주고 있으며, 심지어 성인들에게 충수는 '유익한 박테리아 저장소'의 역할을 한다고 합니다. 쉽게 말해 충수는 유익한 박테리아를 가득 담고 있는 몸속 유익균들의 은신처인데, 맹장 아래서 장의 움직임을 살피다 위험한 병원균이 침투해 장이 나빠지면 맹장을 통해 유익균들을 즉시 대장으로 보내 장의 회복을 돕게 한다는 것입니다. 참으로 놀라운 사실입니다. 진화 과정에서 퇴화된 불필요한 기관이 아니라 하나님이 꼭 필요하기 때문에 만들어 주신 기관이라는 것입니다.

그래서 우리는 다음과 같은 하나님 말씀 앞에 아멘으로 대답할 수밖에 없습니다.

"하나님이 지으신 그 모든 것을 보시니 보시기에 심히 좋았더라…"(창 1:31).

"하나님이 모든 것을 지으시되 때를 따라 아름답게 하셨고…"(전 3:11).
"하나님께서 지으신 모든 것이 선하매 감사함으로 받으면 버릴 것이 없나니"(딤전 4:4).

잠언 말씀대로 여호와께서 온갖 것을 적당하게 지으셨음을 우리는 믿습니다. 내가 보기에 좋지 않아도, 내가 다 이해하지 못해도, 하나님이 모든 것을 아름답게, 적당하게 지으셨음을 믿어야 합니다. 주님의 높고 위대하심을 오늘도 찬양합니다!

사후 준비를 하셨습니까

"악인은 그의 환난에 엎드러져도 의인은 그의 죽음에도 소망이 있느니라"
(잠 14:32).

죽음은 무거운 주제입니다. 피하고 싶기도 합니다. 그런데 죽음에 대한 논의를 피할 수는 있어도 죽음 자체를 피할 수는 없습니다. 왜냐하면 모든 사람이 분명하게 맞이할 운명이기 때문입니다.

누구나 맞이하는 죽음, 그 두려운 일에 대하여 오늘 말씀은 놀라운 이야기를 합니다. 의인은 그의 죽음에도 소망이 있다고 말입니다. 참고로, 구약성경이 말하는 의인이란 정의로운 사람이 아니라 '하나님과 올바른 관계를 가진 자'를 의미합니다.

생각할수록 참으로 놀라운 선언입니다. 이 땅에서 하나님과 올바른 관계를 가지고 살았던 사람은 죽을 때도 염려가 없다고 합니다. 왜 그럴까요? 그 사람은 심판자 되시는 하나님 앞에 서는 것이 두렵지 않기 때문입니다. 반대로, 이 땅에서 하나님을 외면하고 살았던 이, 하나님을 거부하고 살았던 이에게는 죽음이 너무나 두려운 일일 것입니다. 자신이 그토록 밀어냈던 심판자 하나님 앞에 두려운 마음으로 서야 하기 때문입니다.

사람들은 노후 준비를 하는 데 많은 에너지를 쏟습니다. 그런데 사실 더 중요한 것은 사후 준비입니다. 노후는 잠깐이지만, 사후는 영원하기 때문입니다. 그렇다면 최고의 사후 준비가 무엇입니까? 이 땅에서 하나님과 올바른 관계를 맺고 살아가는 것입니다. 사후 준비가 제대로 된 사람은 사실 언제 죽어도 상관이 없습니다. 평안합니다. 사도 바울의 고백을 보시기 바랍니다.

"이는 내게 사는 것이 그리스도니 죽는 것도 유익함이라"(빌 1:21).

얼마나 멋진 고백입니까? 이 세상에서 주님과 동행하고 살기에 언제 이 세상을 떠나도 상관 없다는 것입니다. 그는 정말 제대로 사후가 준비된 사람입니다.

사후 준비가 되셨는지요? 주님이 언제 부르셔도 그 앞에 설 준비가 되어 있으신지요? 사도 바울과 같은 분명한 고백이 우리 모두에게 있기를 간절히 기도합니다.

전진하지 않으면 뒤처지는 세상입니다

"어리석은 자의 퇴보는 자기를 죽이며 미련한 자의 안일은 자기를 멸망시키려니와"(잠 1:32).

잠언 1장 32절 말씀에 두 가지 단어가 눈길을 끕니다. '퇴보'와 '안일'입니다. '퇴보'는 앞으로 전진하거나 성장하지 못하고 점차 뒤로 처지는 모습이고, '안일'은 간절함과 열정이 사라진 채로 지금의 자리에 머무르려는 마음 상태를 말합니다.

두 단어 사이에는 명확한 인과관계가 있습니다. 바로 안일한 마음이 퇴보로 이어지는 것입니다. 안일은 분명 지금의 자리에 머무르고 싶어 하는 마음인데, 그런 마음으로는 절대로 그 자리를 지키지 못하고, 뒤로 처질 수밖에 없습니다. 왜 그럴까요? 왜 나는 지금의 상태에 만족해서 가만히 있고 싶은데, 결국 뒤처지게 되는 것일까요?

전진하지 않으면 뒤처진다는 말은 우리 몸을 무엇인가가 끊임없이 뒤로 이끌고 있다는 의미입니다. 비유하자면 이 땅에서 우리 신앙인들은 소위 '러닝머신'이라고 불리는 '트레이드밀' 위에 서 있는 것 같습니다. 계속해서 앞으로 전진하려고 몸부림치지 않으면 자연스레 뒤처질 수밖에 없는 상황이라는 말입니다.

그래서 성경은 우리에게 절대로 뒤처지지 말라고, 전심전력하여 앞으로 나아가라고 권면합니다. 히브리서 10장 39절은 "우리는 뒤로 물러가 멸망할 자가 아니요 오직 영혼을 구원함에 이르는 믿음을 가진 자니라"라고 말씀합니다. 퇴보해서는 안 된다는 것입니다. 디모데전서 4장 15절도 "이 모든 일에 전심전력하여 너의 성숙함을 모든 사람에게 나타나게 하라"고 당부합니다. 신앙의 성숙을 위해서는 전심전력이 필요하다는 말입니다.

말씀을 묵상하면서 참 두려워집니다. 몸부림치지 않으면 뒤로 물러설 수밖에 없는 이 땅에서 나는 앞으로 나아가고 있는지, 성장하고 있는지 점검해야 합니다. 혹시라도 내 마음에 '안일'이 들어와 있다면 벗어 버려야 합니다. 전심전력으로 신앙 성숙으로 나아가는 은혜가 있기를 바랍니다.

선과 악의 경계는 분명합니다

"의인의 빛은 환하게 빛나고 악인의 등불은 꺼지느니라"(잠 13:9).

잠언 13장의 두드러진 특징은 끊임없이 대조가 이루어진다는 것입니다. 본문에 등장하는 대조들을 정리하면 이렇습니다.

게으른 자/부지런한 자, 의인/악인, 의인의 빛/악인의 등불, 교만한 자/
권면을 듣는 자, 말씀을 멸시하는 자/계명을 두려워하는 자, 선한 지혜
가 있는 자/사악한 자, 슬기로운 자/미련한 자, 악한 사자/충성된 사신,
훈계를 저버리는 자/경계를 받는 자, 지혜로운 자/미련한 자, 죄인/의인,
선인/죄인, 매를 아끼는 자/자식을 사랑하여 징계하는 자, 의인/악인

어떻습니까? 성경의 시각은 분명합니다. 대조되는 두 인생
길이 있는데, 한쪽은 옳지만 다른 한쪽은 그르다고 말합니다.
그런데 이렇게 하나님이 뚜렷하게 구분하신 이 경계를 세상이
싫어합니다. 하나님이 분명히 구분하신 선과 악의 경계를 자꾸
모호하게 만듭니다.

니체는 "신은 죽었다"는 유명한 말을 남겼습니다. 그런데 그가 남긴 더 중요한 말이 있습니다. "나는 서양 문명을 지배해 온 선과 악이라는 절대가치를 근본적으로 전복시키고 싶다. 절대적인 도덕과 선이 가장 저주했던 세 가지, 즉 감각적 쾌락, 지배욕, 이기심을 재평가해야 한다." 쉽게 말해서, 성경이 죄라고 말하는 쾌락, 지배욕, 이기심 등은 전혀 나쁜 것이 아니라는 말입니다.

니체의 주장에 사람들은 열광했습니다. 죄라고 여기던 것들이 죄가 아니라고 한, 일종의 해방 선언이기 때문입니다. 그리고 수많은 이가 니체를 따라 성경이 구분해 놓은 선악의 경계를 지워 버렸습니다. 죄가 죄가 아니라고 선언했습니다. 불륜도 죄가 아니고, 동성애도 죄가 아니라고 주장합니다.

이런 세상을 일컬어 '포스트모더니즘 시대'라고 합니다. 그런데, 성경적으로 말하면 다시 '사사 시대'가 도래한 것뿐입니다. 왜냐하면 사사 시대의 가장 중요한 특징이 다름 아닌 "자기 소견에 옳은 대로 행하"(삿 17:6)는 것이기 때문입니다.

그야말로 우리는 다시 사사 시대를 살아가고 있습니다. 자기 소견에 옳은 대로 사람들이 마음껏 살아가는 모습을 보고 있습니다. 그러나 우리의 기준은 내 소견이 아니라 하나님의 말씀이 되어야만 합니다. 하나님이 분명하게 그어 놓으신 선과 악의 경계를 지우지 않기 바랍니다. 나아가 악을 멀리하고 선 가운데에 머무는 우리가 되기를 간절히 원합니다.

의인의 길은 돋는 해와 같습니다

"18 의인의 길은 돋는 햇살 같아서 크게 빛나 한낮의 광명에 이르거니와 19 악인의 길은 어둠 같아서 그가 걸려 넘어져도 그것이 무엇인지 깨닫지 못하느니라"(잠 4:18-19).

오늘 본문은 의인의 길과 악인의 길에 대해 상당히 흥미로운 정의를 내립니다. 의인의 길은 단지 최종 목적지가 옳은 길만이 아니라고 합니다. 돋는 햇살과도 같이 점점 더 빛나 한낮의 광명에 이르는 길입니다. 생각할수록 멋진 표현입니다. 어둠을 가르고 돋아 올라오는 해가 점점 더 커지고 밝게 빛나듯, 의인이 걸어가는 길은 처음보다 나중이 더 분명하며 시작보다 끝이 더 밝게 빛나게 될 것이라니 말입니다.

반면 악인의 길은 정반대입니다. 그 길은 단지 최종 목적지가 옳지 않은 길, 잘못된 길만이 아닙니다. 걸어가는 내내 어둠이 지배하는 두려운 길입니다. 어둡기에 분별이 되지 않고, 가는 길에 만나는 장애물에 속절없이 넘어질 수밖에 없습니다.

더 무서운 것은 넘어져도 무엇 때문에 넘어졌는지도 모를 혼돈의 길이라는 사실입니다. 왜 우리가 악인의 길을 멀리하고, 의인의 길을 걸어야 하는지 이보다 더 잘 알려 주는 표현이 없습니다.

우리는 반드시 옳은 길, 의의 길을 걸어가야 합니다. 그 길을 조금씩 걸어가다 보면 인생길이 분명해집니다. 주님이 먼저 가시면서 따라오라고 말씀하신 사명의 길도 어제보다 분명히 더 밝게 보일 것입니다. 행여라도 악한 길을 걷고 있다면 속히 떠나야 합니다. 그 길은 걸으면 걸을수록 희망이 없습니다. 내가 도대체 어떤 길을 걷고 있는지, 어디로 가고 있는지, 왜 이 길을 걷고 있는지조차 알 수 없는 어둠이기 때문입니다.

주님이 기뻐하시는 의인의 길을 함께 걸어갑시다. 그 길은 처음에는 비록 희미하더라도 차츰 선명해질 것입니다. 지금은 안개가 자욱하더라도 곧 안개는 걷히고 돋는 햇살과 같이 밝게 빛날 것입니다.

태도가 고도를 결정합니다

"진실로 그는 거만한 자를 비웃으시며 겸손한 자에게 은혜를 베푸시나니"(잠 3:34).

"태도가 고도를 결정한다"는 말이 있습니다. 정말 그렇습니다. 우리의 태도가 어떠하느냐에 따라 세상에서 올라갈 수 있는 위치가 결정됩니다. 겸손하고 성실한 태도로 일하는 사람은 자기가 상상하지도 못했던 높은 자리까지 올라가지만, 반대로 거만하고 안하무인인 태도를 보이는 사람은 자기가 상상하지도 못했던 낮은 자리로 떨어지게 되어 있습니다.

그런데 영적인 세계도 마찬가지입니다. 하나님은 거만한 자를 발견하면 비웃으시지만 겸손한 자를 발견하면 그에게 은혜를 베푸신다고 합니다. 동일한 말씀이 야고보서에도 나옵니다.

"… 하나님이 교만한 자를 물리치시고 겸손한 자에게 은혜를 주신다 하였느니라"(약 4:6).

명심해야 할 말씀입니다. 우리의 태도가 얼마나 중요한지 모릅니다. 나의 태도가 이 세상에서 내가 올라갈 수 있는 사회적 높이만 결정하는 것이 아니라 내가 하나님으로부터 받을 수 있는 은혜의 강도와 정도도 결정하기 때문입니다.

생각할수록 두렵습니다. 하나님이 나의 마음을 유심히 살피고 계시다는 것, 그리고 그에 따라 내가 받을 수 있는 은혜가 달라진다는 사실이 말입니다. 오늘 우리 마음이 은혜를 받을 만하게 낮고 겸손하면 좋겠습니다. 낮고 겸손한 자를 살피사 은혜를 주시는 하나님을 찬양합니다.

바로 그 열정으로!

"¹ 내 아들아 네가 만일 나의 말을 받으며 나의 계명을 네게 간직하며 ² 네 귀를 지혜에 기울이며 네 마음을 명철에 두며 ³ 지식을 불러 구하며 명철을 얻으려고 소리를 높이며 ⁴ 은을 구하는 것같이 그것을 구하며 감추어진 보배를 찾는 것같이 그것을 찾으면 ⁵ 여호와 경외하기를 깨달으며 하나님을 알게 되리니"(잠 2:1-5).

사람들은 돈을 벌기 위해 아침부터 저녁까지 수고합니다. 돈을 찾아 헤맵니다. 어떤 사업을 벌일까, 어디에 투자할까 고민합니다. 돈의 흐름을 알기 위해 공부도 하고, 각종 경제지표를 살피며, 경제 뉴스에 귀를 기울입니다. 심지어 돈을 더 많이 벌 수만 있다면 가족과 몇 년 떨어져 사는 것도 마다하지 않고, 잠도 덜 자며, 식사도 건너뜁니다.

오늘날 자본주의 사회에서만 그런 것이 아닙니다. 옛날에도 사람들은 은과 금, 다이아몬드와 같은 보물들을 찾아 헤맸습니다. 보물섬을 찾기 위해 한평생을 바친 사람도 있습니다. 19세기 미국에서는 수백만 명의 사람들이 금광을 찾아 서부로

몰려들었습니다. 이 현상을 '골드 러시'(gold rush)라고 부릅니다. 말 그대로 금을 찾아 온 힘을 다해 달려간다는 뜻입니다.

그런데 성경은 말합니다. 우리가 은과 보배를 얻으려는 만큼의 열정과 정성으로 하나님의 말씀을 구하고 찾는다면 여호와 경외하기를 깨닫게 되고, 하나님을 알게 된다고 말입니다. 어떻습니까? 인정하기 싫겠지만 우리의 세속적인 속내를 정확하게 찌르는 말씀입니다. 사실 대부분의 사람이 돈을 벌기 위해서라면 열정과 에너지를 어마어마하게 쏟지만, 그만큼의 힘으로 하나님을 찾지는 않습니다. 하나님은 금이나 다이아몬드 같은 보석과는 비교도 되지 않는 보물인데도 말입니다.

만약 우리가 돈 벌기 위해 경제를 공부하는 열정으로 하나님 말씀을 공부한다면 어떻게 될까요? 잠도 안 자고, 식사도 건너뛰면서 돈을 벌고자 하는 그 열정으로 하나님을 만나려고 몸부림을 친다면 어떻게 될까요? 오늘 잠언은 약속합니다. 분명히 하나님을 알게 될 것이라고 말입니다. 분명히 여호와를 경외하게 될 것이라고 말입니다. 정말 그렇습니다. 하나님은 "사모하는 영혼에게 만족을 주시며 주린 영혼에게 좋은 것으로 채워"(시 107:9) 주시는 분이기 때문입니다. 은과 금보다 훨씬 귀한 하나님을 사모하며 찾는 하루 되기 원합니다.

근신하십시오

"11 근신이 너를 지키며 명철이 너를 보호하여 12 악한 자의 길과 패역을 말하는 자에게서 건져 내리라"(잠 2:11-12).

'근신'이 우리를 지켜 준다고 합니다. 근신이란 무엇일까요? 국어사전에는 '말이나 행동을 삼가고 조심함'이라고 풀어 놓았습니다. 영어 성경은 이 단어를 'discretion'이나 'Prudence'라고 했는데, '분별, 신중, 조심, 통찰력' 같은 의미가 있습니다.

가만히 보니 성경에는 근신과 관련된 권면의 말씀이 꽤 많이 있습니다. 특히 마지막 때가 다가올수록 근신해야 한다고 말씀합니다.

"그러므로 너희 마음의 허리를 동이고 근신하여 예수 그리스도께서 나타나실 때에 너희에게 가져다 주실 은혜를 온전히 바랄지어다"(벧전 1:13).

"만물의 마지막이 가까이 왔으니 그러므로 너희는 정신을 차리고 근신하여 기도하라"(벧전 4:7).

"근신하라 깨어라 너희 대적 마귀가 우는 사자같이 두루 다니며 삼킬 자를 찾나니"(벧전 5:8).

이밖에도 근신이라는 단어로는 표기하지 않았지만 '깨어
정신을 차려라' '신중하라' '분별하라' 등으로 당부하는 구절이
많습니다. 그만큼 하나님은 우리가 근신하는 마음을 가지기를
원하십니다. 왜냐하면 근신하는 마음이 있어야 분별할 수 있
고, 쉽게 휘둘리지 않으며, 세상의 유혹과 사탄의 전방위적인
공격으로부터 자기를 지킬 수 있기 때문입니다.

스스로 점검해 봅시다. 나는 정말 분별하며 살고 있습니까?
세상 것들에 마음 빼앗기지 않고 깨어 있습니까? 쉽게 휘둘리
지 않고 신중하며 조심합니까? 혹시 그렇지 않다면 주님께 근
신하는 마음을 구하기 원합니다. 특별히 만물의 마지막이 다
가오는 이 시대에 오직 근신함으로 깨어 있기를 간절히 소원
합니다.

굽은 길은 그만 걸읍시다

"죄를 크게 범한 자의 길은 심히 구부러지고 깨끗한 자의 길은 곧으니라"
(잠 21:8).

한때 구불구불 난 시골길과 산길이 참 아름다워 보였습니다. 그런데 보기에는 아름답고 낭만적이지만, 막상 걷거나 운전해 보면 말할 수 없이 불편한 길이 굽은 길입니다. 곧게 뻥 뚫린 고속도로는 낭만적이지 않아 사실 별로였습니다. 그런데 막상 운전해 보면 가야 할 곳으로 빠르게 인도해 주는 고속도로가 얼마나 고마운지 모릅니다.

인생길에 대한 생각도 바뀝니다. 젊은 시절, 멀리 돌아가는 길도 의미가 있기에 한 번쯤 그런 길을 걸어도 괜찮다고 생각했습니다. 물론, 돌아가는 길에 많은 배움이 있었습니다. 굽은 길을 걸어가면서 사람은 분명 성장합니다. 그런데 나이가 들수록 이제 남은 삶, 별로 돌아가고 싶지 않습니다. 가능하면 더 곧고 빠른 길로 가고 싶습니다.

특별히 오늘 말씀대로 우리의 죄가 인생길을 구부러지게 하는 거라면, 더더욱 피하고 싶습니다. 이왕이면 하나님 보시기에 깨끗한 삶을 살아서 곧은 대로를 걷고 싶습니다. 이스라엘 백성들처럼 2주면 갈 수 있는 길을, 죄 때문에 40년이나 돌아가고 싶지 않습니다. 인생 낭비하고 싶지 않습니다. 대신 요셉처럼, 다니엘과 세 친구처럼 곧은길을 걷고 싶습니다.

요셉은 깨끗하게 살기 위해 보디발의 아내의 유혹을 이겨 냈습니다. 얼핏 보면 감옥까지 가게 되니 인생길이 꼬이는 것 같습니다. 그런데 우리는 알고 있습니다. 그 길이 가장 빠르고 곧게 난 길이었다는 것을 말입니다. 다니엘과 세 친구도 마찬가지입니다. 깨끗한 삶을 살겠다고 바벨론 제국의 산해진미와 금신상에게 절하는 것을 거부한 결과 그들 인생에도 대로가 열렸습니다.

인생, 절대 길지 않습니다. 지금까지 돌아간 것으로도 충분합니다. 이제는 굽은 길이 아니라 하나님이 만들어 주시는 대로를 한번 걸어 보고 싶지 않습니까?

더딘 것 같아도 곧은길로 갑니다

"정직하게 행하는 자는 여호와를 경외하여도 패역하게 행하는 자는 여호와를 경멸하느니라"(잠 14:2).

여호와를 경외하면 정직하고 똑바른 삶을 살지만, 여호와를 경멸하는 자는 패역한 삶을 살아간다고 합니다. 오늘 본문을 영어 성경(NIV)으로 읽으면 또 다른 은혜가 있습니다.

"Whoever fears the Lord walks uprightly, but those who despise him are devious in their ways."

직역하면 '여호와를 경외하는 자는 똑바로 걸어가지만, 여호와를 경멸하는 자는 도를 벗어나게 된다(devious)'는 의미입니다. 'devious'에는 두 가지 뜻이 있습니다. 첫째는 '정도를 벗어난'이라는 뜻이고, 둘째는 '멀리 돌아가는'이라는 뜻입니다.

말씀을 묵상하다 보니 첫 번째 뜻으로 해석하는 것도 은혜롭지만, 두 번째 뜻으로 해석하는 것도 참 의미가 있다는 생각이 들었습니다. 여호와를 경외하는 자의 인생길은 똑바로 걸어가는 길 즉 형통한 길이지만, 여호와를 멸시하는 자는 멀고 먼, 굽이굽이 돌아가는 길을 걷게 된다는 말입니다.

그런데 곧바로 질문이 생깁니다. 살다 보니 오히려 여호와를 경외하는 많은 이의 삶이 멀리 돌아가는, 굽이진 길처럼 보일 때가 많다고 말입니다. 오히려 하나님을 알지 못하는 이들이 세상에서 금방 성공하고 형통한 것 같지 않습니까?

그러나 저는 오늘 말씀을 통해 이런 응답과 위로를 얻었습니다. 여호와를 경외하는 자의 삶은 세상 사람들이 보기에 굽이져서 돌아가는 것 같아도 사실은 똑바로 걸어가는 길이고, 여호와를 멸시하는 자들이 걷는 길은 세상 사람들이 보기에는 빨리 가는 것 같아도 사실은 멀리 돌아가는 길이라고 말입니다. 하나님 없이 빨리 성공해 버리면, 바로 그 성공 때문에 하나님께 가는 길이 더 멀어질 테니 결코 성공일 수가 없습니다.

오늘 말씀이 많은 이들에게 위로가 되면 좋겠습니다. 사람들이 뭐라고 평가하든, 우리 인생길이 하나님 앞에 똑바로 걸어가는 길인 줄 믿고 감사하기 원합니다. 무엇보다도 우리 아이들의 인생길 역시 주 앞에 똑바로 걷는 길, 멀리 돌아가지 않는 길이기를 간절히 소원합니다.

생명으로 가는 고속도로

"지혜로운 자는 위로 향한 생명길로 말미암음으로 그 아래에 있는 스올을 떠나게 되느니라"(잠 15:24).

예레미야 33장을 보면 선지자는 시위대 뜰에 갇혀 있습니다. 그런데 곧바로 이어지는 말씀이 매우 의미심장합니다. "여호와의 말씀이 그에게 두 번째로 임하니라"(렘 33:1)이기 때문입니다. 무슨 말입니까? 오늘 말씀대로 사방은 막혀 있지만 위로 향하는 생명길은 뚫려 있었다는 말입니다.

사도 바울도 여러 차례 차가운 지하감옥에 갇혔습니다. 상상해 보십시오. 얼마나 답답했겠습니까? 그런데 흥미롭게도 그가 남긴 여러 편의 옥중 서신에 단 한 번이라도 '너무 답답하니 나를 감옥에서 빨리 나가게 해달라'는 기도 요청이 없습니다. 오히려 그는 감옥 밖에 있는 성도들을 염려하며 "항상 기뻐하라"(빌 4:4)고 권면합니다. 어떻게 이런 일들이 가능할까요? 예레미야와 마찬가지로, 사도 바울에게도 위로 향한 생명길이 뚫려 있었기 때문입니다.

위로 향한 생명길이 뚫려 있는 사람은 참 복 받은 사람입니다. 왜냐하면 사방으로 우겨쌈을 당해도 싸이지 아니하고, 답답한 일을 당해도 낙심하지 아니하며, 박해를 당해도 버린 바되지 아니하고, 거꾸러뜨림을 당해도 망하지 아니할 것이기 때문입니다.

또한 잠언 15장 24절에는 "위로 향한 생명길"이라고 번역한 그 길을 시편 84편에는 "시온의 대로"(5절)로 표현합니다. 말 그대로 주님을 향한 큰 길입니다. 그리고 영어 성경(ESV)은 "Highways to Zion", 즉 주님에게로 향하는 고속도로로 번역합니다. 둘 다 참 좋은 표현입니다. 주님을 만나러 가는 길이 비좁거나 구불구불하지 않고 똑바로, 크게, 그것도 한 번에 갈 수 있는 고속도로가 나 있으니 얼마나 복된 인생입니까?

우리 인생에 이렇게 '위로 향한 생명길' '주님께 나아가는 대로와 고속도로'가 선명하게 나는 은혜가 있기를 바랍니다.

그냥 지나치지 마세요

"³⁰ 내가 게으른 자의 밭과 지혜 없는 자의 포도원을 지나며 본즉 ³¹ 가시덤
불이 그 전부에 퍼졌으며 그 지면이 거친 풀로 덮였고 돌담이 무너져 있기
로 ³² 내가 보고 생각이 깊었고 내가 보고 훈계를 받았노라"(잠 24:30-32).

오늘 말씀을 기록한 이는 어느 날 어떤 사람의 밭과 포도원
을 지나가게 됩니다. 그런데 밭은 온통 거친 풀로 뒤덮여 있고,
돌담은 여기저기 무너져 있습니다. 그 앞에 그는 발걸음을 멈춥
니다. 곰곰이 생각합니다. 그리고 무언가를 깨달았다고 합니다.

그 방치된 밭과 무너진 돌담 앞을 수많은 이가 지나갔을 것
입니다. 그런데 이 사람은 남들이 얻지 못하는 교훈을 얻습니
다. 이유는 간단합니다. 그냥 지나치지 않고 머물러(lingering), 주
의 깊게 관찰하고(observing), 생각했기(meditating) 때문입니다. 사
실 성경에서 교훈을 얻는 원리도 이와 똑같습니다.

누구나 똑같이 성경을 읽습니다. 그런데 많은 사람이 본문
을 빨리 스치듯 읽습니다. 왜냐하면 매년 목표로 세운 성경 1독

을 완수해야 하기 때문입니다. 물론 매년 성경 1독을 하는 것은 귀한 일입니다. 그런데 정해진 분량을 끝내는 데에만 온 신경을 집중한 나머지 성경 말씀들을 빠르게 지나쳐 가는 것은 정말 안타까운 일이라고 생각합니다.

오늘부터 말씀을 읽을 때 잠시 멈추어 보기 바랍니다. 그 말씀 앞에 오래 머물러 관찰하고, 깊이 묵상해 보기 바랍니다. 그러면 이전에 보지 못했던 새롭고 신선한 교훈이 그 안에 있음을 알게 될 것입니다. 매일 말씀 앞에 머물러 묵상하는 가운데 그 안에 감춰진 빛나는 보물들을 발견하는 은혜가 있기를 주님의 이름으로 축원합니다.

나를 위해 용서해야 합니다

"… 허물을 용서하는 것이 자기의 영광이니라"(잠 19:11).

"모든 사람은 용서가 훌륭한 일이라고 말한다. 실제로 용서해야 할 일이 생기기 전까지는 말이다."

C.S. 루이스(C.S. Lewis)가 남긴 말입니다. 정말 그렇습니다. 용서가 훌륭한 일이라는 것을 다 알고 있지만, 막상 용서하려고 보면 절대로 쉬운 일이 아닙니다. 그러나 기억하기 바랍니다. 용서는 그 사람을 위한 일이 아닙니다. 사실 나를 위한 일입니다. 오늘 말씀처럼 나의 영광이 되는 일입니다. 왜냐하면 용서하지 않으면 결국 손해를 입는 쪽은 나이기 때문입니다. 용서하지 않은 채 살아가면 내 마음이 평안하지 못하고, 묶여 있으며, 답답합니다. 그 사람은 멀쩡히 잘 살아가는데 말입니다.

원어로 '용서하다'는 '묶인 것을 풀어 준다'는 뜻입니다. 얼핏 생각하면 '그 사람'을 풀어 주는 것 같지만 그보다 먼저 '나'를 풀어 주는 것입니다. 나를 자유케 해주는 것입니다. 그러니 용서는 분명 나를 위한 일입니다.

다윗은 아들 압살롬이 지은 죄를 용서하지 않았습니다. 물론 그의 죄는 쉽게 용서받을 수 없을 정도로 컸습니다. 그래서인지 다윗은 작은 도시 예루살렘에서 2년이나 같이 살면서도 그를 만나 주지 않았습니다. 마음을 풀지 않은 것입니다. 그런데 그 결과가 무엇입니까? 압살롬이 반역을 일으킵니다. 만약 다윗이 탕자의 아버지처럼 죄 짓고 돌아온 아들을 용서했다면 어찌 되었을까요? 아들이 반란을 일으키지는 않았을 것입니다. 용서하지 않은 결과는 결국 파멸이었습니다.

용서하십시오. 풀어 주십시오. 그 사람을 위해서가 아니라 나를 위해 용서해야 합니다. 그 사람을 풀어 주는 것보다 내가 먼저 풀리기를 원합니다.

원수 갚는 일은 하나님께

"너는 악을 갚겠다 말하지 말고 여호와를 기다리라 그가 너를 구원하시리라"(잠 20:22).

어린 시절 즐겨 보던 중국 무협영화의 줄거리는 대부분 이러했습니다. 주인공의 아버지가 원수의 손에 잔인하게 죽습니다. 그 모습을 어린 아들이 지켜봅니다. 이 아들은 복수의 칼을 갈면서 무술을 연마해 원수를 갚습니다.

그런데 궁금합니다. 원수를 갚은 주인공은 그 후 행복하게 살았을까요? 혹시 자기가 죽인 사람에게도 남은 아들이 하나 있으면 어찌할까요? 그 아들도 더 센 무술을 연마한 뒤에 주인공에게 복수할 수도 있을 텐데 주인공은 정말 발 뻗고 잘 수 있을까요?

오늘 말씀은 중국 무협영화와 다른 길을 우리에게 보여 줍니다. 그것은 바로 내가 원수를 직접 갚지 않고 여호와를 기다리는 것입니다. 내가 직접 보복하고 싶지만 꾹 참고 더 공의롭고 지혜로우신 하나님께 원수 갚는 일을 맡겨 버리는 것입니다.

성경을 보면 자기 스스로 원수를 갚은 사람들이 있고, 하나님께 원수 갚는 일을 맡겨 버린 사람들도 있습니다. 전자의 대표적인 사람들은 야곱의 두 아들 시므온과 레위, 그리고 다윗의 아들 압살롬입니다. 이들 모두 직접 원수를 갚은 사람들입니다. 그런데 이들이 행복했습니까? 모두 불행했습니다. 시므온과 레위는 아버지에게 저주를 받았고, 압살롬은 비참하게 죽었습니다.

반면에 원수를 직접 갚지 않고 하나님께 맡긴 사람들도 있습니다. 요셉과 다윗이 대표적인 인물입니다. 요셉은 세계 최강대국 애굽의 총리가 된 뒤에도 형들에게 보복하기 위해 애굽의 군대를 보내지 않았습니다. 오히려 자식 이름을 '잊었다'는 뜻의 '므낫세', '번성하게 하셨다'는 뜻의 '에브라임'으로 짓습니다. 다윗도 마찬가지입니다. 그는 억울하게 도망을 다니면서도 직접 보복하지 않았습니다. 원수 사울을 죽일 수 있는 결정적 기회가 두 번이나 있었으나 죽이지 않았습니다. 대신 하나님께 맡깁니다. 하나님의 때를 기다립니다.

우리는 이들의 아름다웠던 인생을 알고 있습니다. 요셉은 담을 넘은 무성한 가지처럼 형통했고, 다윗은 하나님 마음에 합한 자로 인정받았습니다. 원수를 스스로 갚지 말고 여호와께 맡기라고 말씀하신 분은 하나님이십니다. 우리가 순종하면 요셉과 다윗의 경우처럼 갚아 주시는 하나님을 경험할 것입니다.

희대의 지혜자조차 두려워했던 것

"9 두렵건대 네 존영이 남에게 잃어버리게 되며 네 수한이 잔인한 자에게 빼앗기게 될까 하노라 10 두렵건대 타인이 네 재물로 충족하게 되며 네 수고한 것이 외인의 집에 있게 될까 하노라 11 두렵건대 마지막에 이르러 네 몸, 네 육체가 쇠약할 때에 네가 한탄하여 12 말하기를 내가 어찌하여 훈계를 싫어하며 내 마음이 꾸지람을 가벼이 여기고 13 내 선생의 목소리를 청종하지 아니하며 나를 가르치는 이에게 귀를 기울이지 아니하였던고 14 많은 무리들이 모인 중에서 큰 악에 빠지게 되었노라 하게 될까 염려하노라"(잠 5:9-14).

최고의 지혜자라 불리던 솔로몬은 잠언에서 참으로 다양한 주제의 많은 교훈을 남깁니다. 그중 그가 유독 강력한 어조로, 심지어 두렵고 떨리는 마음으로 주고 있는 교훈이 하나 있습니다. 그것은 바로 '음행'의 위험성입니다.

오늘 본문에서도 솔로몬은 음녀의 유혹을 피하라고 권고하면서 세 번이나 "두렵건대"라는 표현을 사용합니다. 상당히 이례적입니다. 이것은 몸이 떨리는 극심한 두려움을 표현한 것입니다. 왜 그럴까요? 그는 음행이 한 인생을 얼마나 처절하게 파

괴할 수 있는지를 누구보다 잘 알고 있었기 때문입니다. 그가 경고한 대로 음행은 사람의 인생에서 성취한 존귀와 영광을 송두리째 거두어 갈 수 있으며, 평생 수고하고 애쓴 모든 것들 역시 일순간에 빼앗아갈 수 있습니다. 무엇보다도 음행은 한 인생의 마지막을 깊은 후회와 탄식으로 마무리하게 할 수 있는 무서운 죄입니다. 사실 이 모두를 솔로몬이 직접 경험했기에 후손이 그것을 또 경험할까 염려하는 것입니다.

그럼에도 이 시대는 솔로몬이 세 번이나 두렵다 말하며 경고한 음행이 얼마나 무서운지 전혀 모르는 듯합니다. 세상이 온통 음란합니다. 어린아이부터 노인에 이르기까지 무방비 상태로 음란한 문화에 노출되어 있습니다. 성경이 여러 곳에서 반복적으로 '음행을 피하라'고 권면하는데, 세상은 날이 갈수록 음란해집니다. 참으로 두렵습니다. 하나님이 우리 자녀들의 눈과 마음과 생각을 지켜 주시기만을 기도합니다.

오늘도 유혹자는 쉬지 않습니다

"내 아들아 악한 자가 너를 꾈지라도 따르지 말라"(잠 1:10).

성경에는 유혹에 관한 이야기가 가득합니다. 유혹자는 환경을 가리지 않습니다. 낙원인 에덴 동산도, 허허벌판인 광야도 가리지 않고 찾아가 유혹하기 때문입니다. 나이를 가리지도 않습니다. 소년 요셉도, 청년 삼손도, 중년 다윗도 유혹합니다. 노년이라고 안심할 수 없습니다. 남녀도 당연히 가리지 않습니다. 직업도 가리지 않습니다.

요셉은 종이었고, 삼손은 사사였으며, 다윗은 이스라엘의 왕이었지만 모두 유혹자의 표적이었습니다. 즉 유혹으로부터 자유로운 환경도, 나이도, 성별도, 직업도 없습니다. 게다가 유혹자는 쉬지도 않고 우는 사자처럼 두루 다니며 삼킬 자를 찾는다고 합니다. 정말 두려운 사실입니다.

잠언 1장 10절은 바로 그 유혹을 경계할 것을 우리에게 당부합니다. 악한 자가 아무리 유혹해도 따라가지 말라고 권합니다. 이렇게 조언하는 이는 다름 아닌 솔로몬입니다. 그렇다면 참으로 의미심장합니다. 왜냐하면 본인이 바로 그 유혹에 넘어가 삶을 그르친 장본인이기 때문입니다. 따라서 이 당부는 단순한 조언이 아닙니다. 피맺힌 호소입니다. 본인처럼 유혹에 넘어가 삶에서 비싼 대가를 치르지 말라는 것입니다.

오늘도 분명 악한 자는 여러 모습으로 우리를 악의 길로 이끌려고 유혹합니다. 그 유혹 앞에 귀를 막고 단호히 거절하며 승리하는 은혜가 있기를 간절히 바랍니다.

어떤 소리가 들립니까

"악을 행하는 자는 사악한 입술이 하는 말을 잘 듣고 거짓말을 하는 자는 악한 혀가 하는 말에 귀를 기울이느니라"(잠 17:4).

미국의 어느 뉴요커가 인디언 원주민 친구를 뉴욕으로 초대했습니다. 둘이 맨해튼을 걸어가는데 인디언 친구가 말했습니다.

"잠깐! 어디선가 귀뚜라미 소리가 들리는 것 같아."

인디언 친구는 소리가 나는 쪽으로 걸어가더니 풀이 듬성듬성 있는 곳에서 귀뚜라미를 발견했습니다. 뉴요커는 그 모습을 보고 청력이 대단하다며 칭찬했습니다.

"내 청력이 좋은 게 아니야. 잠깐만 기다려 봐."

인디언 친구가 동전 하나를 길에 던졌습니다. '땡그랑' 소리를 내며 동전이 떨어지자 주변에 있던 모든 뉴요커가 돌아봤습니다. 귀뚜라미 소리는 들리지 않았지만, 동전 떨어지는 소리는 뉴요커들 귀에 명확히 들렸던 것입니다.

이 이야기는 내가 무엇에 관심이 있느냐에 따라 내 귀에 들리는 소리가 다르다는 것을 말해 줍니다. 정말 그렇습니다. 어머니들의 귀에는 자식이 우는 소리가 잘 들립니다. 아이에 대한 관심이 가득하기 때문입니다. 반면 돈에 관심이 많은 사람은 돈 버는 이야기에 귀가 쫑긋해지고, 건강에 관심이 많은 사람은 건강기능식품 이야기에 귀를 기울입니다. 내가 어떤 소리에 더 끌리는지, 어떤 소리가 더 잘 들리는지를 살펴보면 무엇에 관심이 있는지, 내 속에 무엇이 가득한지를 정확히 알 수 있습니다.

악을 행하는 자는 그 마음에 악이 가득하기에 사악한 입술이 하는 말에 끌리고, 거짓말하는 자 역시 악한 혀가 하는 말에 더 끌릴 수밖에 없습니다. 반대로 하나님을 사랑하는 마음이 가득한 사람은 하나님 이야기에 마음이 끌립니다. 하나님을 만난 사람들의 이야기에 귀를 쫑긋 세웁니다. 설교 시간에는 말씀을 하나라도 놓치고 싶지 않아서 최선을 다해 듣습니다. 끌리기 때문입니다.

마음속에 무엇이 가득한지 알고 싶습니까? 어렵지 않습니다. 지금 내 귀에 어떤 소리가 잘 들리는지, 어떤 뉴스에 마음이 끌리는지 점검해 보면 됩니다. 내 귀를 사로잡는 그것이 바로 내가 갈망하는 것이요, 내 마음속에 가득한 것입니다. 꼭 한번 점검해 보기 바랍니다. 무엇이 들립니까?

마음은 입과 눈과 발로 지킵니다

"23 모든 지킬 만한 것 중에 더욱 네 마음을 지키라 생명의 근원이 이에서 남이니라 24 구부러진 말을 네 입에서 버리며 비뚤어진 말을 네 입술에서 멀리하라 25 네 눈은 바로 보며 네 눈꺼풀은 네 앞을 곧게 살펴 26 네 발이 행할 길을 평탄하게 하며 네 모든 길을 든든히 하라"(잠 4:23-26).

그 무엇보다 마음을 지키라고 권면하는 오늘 본문은 매우 유명한 말씀입니다. 그런데 어떻게 해야 마음을 지킬 수 있는지 궁금합니다. 눈에 보이지도 않는 마음을 도대체 무슨 수로 지킬 수 있습니까?

가만히 보니, 오늘 본문은 다음과 같은 말을 덧붙이고 있습니다. 구부러진 말, 비뚤어진 말을 멀리하고, 눈으로는 바로 보며, 발이 행할 길을 평탄하게 하라고 말입니다. 왜 마음을 지키라고 하면서, 말과 눈과 발 이야기를 하는 것일까요? 우리 입술이 하는 말, 우리 눈으로 보는 것, 그리고 우리 발로 향하는 장소가 다 마음에 영향을 미치기 때문입니다.

실제로 우리가 하는 말이 마음에 변화를 가져옵니다. 만약 아침에 집을 나서면서 아내에게 독한 말을 뱉어내면 온종일 마음이 불편합니다. 누군가를 험담한 후에도 마찬가지입니다. 마음이 불편하고 평안이 깨집니다. 반면 누군가를 칭찬하거나 사랑을 표현하고 나면 마음에 금세 행복이 찾아옵니다.

눈은 어떻습니까? 우리가 무엇을 보느냐에 따라 정말 마음이 달라지지 않습니까? 하와가 선악과를 탐스럽게 바라보다가 마음을 빼앗겼습니다. 아간도 여리고성의 보물을 눈으로 보다가 탐이 나서 마음을 빼앗겼습니다. 오늘날 우리도 시선에 마음을 빼앗기고 맙니다.

발도 그렇습니다. 생전 마음이 없다가도 음란한 곳이나 화려한 곳을 가 보면 생각이 달라집니다. 거룩한 성전에 있을 때와 말초신경을 자극하는 곳에 있을 때의 마음이 결코 같을 수 없습니다.

결국 마음을 지킨다는 것은 입술, 눈, 발을 통해서 하는 것입니다. 오늘 하루 우리 마음을 지키기 원합니다. 내 입술에서 나가는 언어를 지키고, 내가 눈으로 보는 것을 조심하고, 내 발이 죄 된 곳으로 향하지 않게 하는 하루 되기 원합니다.

인생 선배의 가르침을 새겨 들읍시다

"1 내 아들아 내 지혜에 주의하며 내 명철에 네 귀를 기울여서 2 근신을 지키며 네 입술로 지식을 지키도록 하라 3 대저 음녀의 입술은 꿀을 떨어뜨리며 그의 입은 기름보다 미끄러우나 4 나중은 쑥같이 쓰고 두 날 가진 칼같이 날카로우며 5 그의 발은 사지로 내려가며 그의 걸음은 스올로 나아가나니" (잠 5:1-5).

유혹은 매우 달콤합니다. 마치 꿀과 같습니다. 그리고 기름처럼 미끄럽습니다. 사실 달콤하지 않으면 유혹이 아니겠지요. 잠언은 유혹의 시작만 보지 말고 그 끝을 보라고 합니다. 유혹의 끝은 어떻습니까? 쑥같이 쓰고, 칼같이 날카로우며, 결국 사람을 사지와 스올로 끌어내립니다. 우리는 유혹을 마주할 때 오늘 본문을 꼭 기억해야 합니다.

그런데 오늘 본문에서 그보다 더 주의 깊게 봐야 할 표현이 있습니다. 1절입니다. 솔로몬은 "내 지혜에 주의하며 내 명철에 네 귀를 기울"이라고 말합니다. 뭔가 이상하지 않습니까? 잠언 전체에서 지혜는 모두 객관적으로 표현됩니다. 그런데 유독 이

곳에서만 솔로몬은 '내 지혜', '내 명철'이라는 표현을 씁니다. 왜 그럴까요?

음녀의 유혹에 넘어가면 처절하게 망한다는 것은 솔로몬이 누군가에게 들어서 알게 된 지혜가 아닙니다. 그 자신이 삶에서 몸으로 체득한 지혜요 명철입니다. 솔로몬이 누구입니까? 지혜의 왕이며, 이스라엘 역사상 가장 넓은 영토를 다스렸던 최고의 왕입니다. 그런데 그가 왜 몰락했습니까? 다름 아닌 음녀의 유혹에 넘어갔기 때문입니다. 그랬던 그가 말년에 자신의 삶을 탄식하며 남긴 것이 〈잠언〉과 〈전도서〉입니다. 그러니까 오늘 우리는 유혹에 넘어가 완전히 망할 뻔한 한 사람의 생생한 육성 고백을 듣고 있는 것입니다.

코미디언 이주일 씨를 기억합니까? 그는 평생 담배 피다가 폐암 말기 진단을 받았습니다. 그런데 그가 잘 나오지도 않는 쉰 목소리로 "여러분 절대 담배 피지 마세요"라고 외치는 모습이 방송에 나온 적이 있습니다. 그의 그 목소리에 영향력이 있었습니다. 담배를 피던 많은 사람이 충격을 받았습니다. 솔로몬의 애타는 목소리가 이와 같습니다.

꼭 모든 것을 직접 경험해서 알 필요는 없습니다. 간접경험도 충분히 큰 깨달음을 줍니다. 유혹에 넘어가 패가망신할 뻔한 솔로몬의 피맺힌 조언을 마음에 새기기를 바랍니다.

유혹 앞에서는 줄행랑이 답입니다

"네 길을 그에게서 멀리하라 그의 집 문에도 가까이 가지 말라"(잠 5:8).

"삼십육계 줄행랑"이라는 말이 있습니다.《병법 36계》에 등장하는 마지막 병법으로, 전쟁에서 도저히 승산이 없을 때는 아무 생각도 하지 말고 그냥 도망가는 것이 상책이라는 뜻입니다. 도망가는 것도 병법이냐고 반문할 수 있지만 사실 매우 지혜로운 계책입니다. 이길 가능성이 없는데 맞서 싸우는 것은 어리석은 일이기 때문입니다. 또한 이 '줄행랑'은 서른여섯 가지나 되는 계책 중 마지막 계책으로 나오지만, 그리스도인들이 성적 유혹을 마주쳤을 때는 하나님이 주신 첫 번째이자, 유일한 계책이기도 합니다.

본문에서 하나님이 멀리하라는 '그'란 음녀를 말합니다. 음녀를 멀리하고 집 문에도 가까이 가지 말라고 합니다. 왜 그럴까요? 성적인 유혹은 싸워서 이길 수 없기 때문입니다. 멀리해야 하고, 행여나 다가오면 피하는 것만이 이기는 길이라는 말입니다.

그래서 후에 사도 바울도 이렇게 말합니다. "또한 너는 청년의 정욕을 피하"(딤후 2:22)라고 말입니다. 원어를 직역해 보면 이역시 정욕을 피해 달아나라는 의미입니다. 그것만이 유혹을 이길 수 있는 유일한 길이기 때문입니다.

젊은 청년 요셉이 어떻게 보디발의 아내의 치명적인 유혹을 이겨 낼 수 있었습니까? 창세기 39장 10절을 보니 "여인이 날마다 요셉에게 청하였으나 요셉이 듣지 아니하여 동침하지 아니할 뿐더러 함께 있지도 아니하니라"고 되어 있습니다. 그는 그 자리를 피했습니다. 그런데 어느 날 그 여인이 옷을 잡고 달려듭니다. 정말 노골적인 유혹이지요. 그런데 그때도 요셉이 어떻게 합니까? "요셉이 자기의 옷을 그 여인의 손에 버려두고 밖으로 나가매"(창 39:12)라고 기록하고 있습니다. 요셉은 이번에도 그 자리를 피해 달아났습니다.

성적 유혹과 맞서 싸우려고 하지 마시기 바랍니다. 음란물을 계속 보면서 나는 유혹을 이겨 내겠다고 생각하는 사람이 있습니다. 불가능한 일입니다. 피해야 합니다. 도망가야 합니다. 줄행랑을 쳐야 합니다. 그것이 성적 유혹을 이기는 유일한 길이기 때문입니다.

여호와께서 미워하시는 가증한 죄

"16 여호와께서 미워하시는 것 곧 그의 마음에 싫어하시는 것이 예닐곱 가
지이니 17 곧 교만한 눈과 거짓된 혀와 무죄한 자의 피를 흘리는 손과 18 악
한 계교를 꾀하는 마음과 빨리 악으로 달려가는 발과 19 거짓을 말하는 망령
된 증인과 및 형제 사이를 이간하는 자이니라"(잠 6:16-19).

하나님이 가증스럽다고 여기는 죄 중에 가장 먼저 '동성애'
가 떠오릅니다. 맞습니다. 성경은 분명 그것을 하나님이 가증
스럽게 여기는 죄라고 말합니다. 하나님이 옳지 않다고 하신
것을 옳다 우기는 이 시대의 모습을 보면 참으로 마음이 아픕
니다.

그런데 문제는 하나님이 미워하고 싫어하시는 죄가 동성애
하나가 아니라는 점입니다. 잠언 말씀에 따르면, 하나님은 교
만한 눈, 거짓된 혀, 무죄한 자의 피를 흘리는 손, 악한 계교를
꾀하는 마음, 빨리 악으로 달려가는 발, 거짓을 말하는 망령된
증인, 형제 사이를 이간하는 자 등 이 모든 것을 미워하고 싫어

하십니다. 하나님은 동성애만큼이나 이 모든 것을 가증스럽다고 보신다는 말입니다.

동성애 반대 시위를 하는 모습이 종종 뉴스에 나옵니다. 필요한 일이라 생각합니다. 그렇지만 동성애는 그렇게 적극적으로 반대하면서 동시에 하나님이 똑같이 싫어하시는 교만, 거짓, 무고, 악한 생각, 악한 행실과 입술, 이간질에 대해서는 무감각한 것은 문제가 있다고 봅니다. 남을 정죄하기에 앞서 말씀 앞에 겸손히 우리를 돌아보기 원합니다. 부디 우리가 겸손한 눈, 진실한 혀, 살리는 손, 선한 일을 계획하는 마음, 선으로 빨리 달려가는 발, 진실을 말하는 참된 증인이자 갈라진 형제 사이를 하나 되게 하는 존재가 되기를 간절히 기도합니다.

어떤 부름에 응답하고 있습니까

"¹⁰ 그때에 기생의 옷을 입은 간교한 여인이 그를 맞으니 ¹¹ 이 여인은 떠들며 완악하며 그의 발이 집에 머물지 아니하여 ¹² 어떤 때에는 거리, 어떤 때에는 광장 또 모퉁이마다 서서 사람을 기다리는 자라"(잠 7:10-12).

"¹ 지혜가 부르지 아니하느냐 명철이 소리를 높이지 아니하느냐 ² 그가 길가의 높은 곳과 네거리에 서며 ³ 성문 곁과 문 어귀와 여러 출입하는 문에서 불러 이르되 ⁴ 사람들아 내가 너희를 부르며 내가 인자들에게 소리를 높이노라"(잠 8:1-4).

잠언 7장과 8장에는 완전히 대조되는 두 존재가 큰 소리로 사람들을 부르는 모습이 나옵니다. 7장에서는 기생의 옷을 입은 음란한 여인이 젊은 남자를 부릅니다. 이 여인은 광장과 모퉁이마다 서서 요염한 목소리로 사람들을 유혹합니다. 반면 8장에서는 지혜가 사람을 부릅니다. 지혜 역시 높은 곳, 사거리, 성문 곁과 문 어귀와 여러 출입하는 문에서 사람들을 큰 소리로 부릅니다. 음녀도 지혜도 똑같이 공개된 장소에서 큰 소리로 부릅니다. 그러나 부름의 목적은 완전히 다릅니다. 음녀는 한 젊은이를 유혹하여 파멸시키기 위해 부르고, 지혜는 어리석은 이들을 계몽하여 진리로 이끌기 위해 부릅니다.

슬픈 것은, 잠언 7장에는 음녀의 유혹하는 목소리에 끌려 그 여인에게 가는 한 어리석은 젊은이가 등장하지만, 8장에는 지혜를 향해 걸어가는 사람이 등장하지 않는다는 점입니다. 이러한 모습은 이 시대에도 그대로 재현됩니다. 잠언이 기록되던 시대에 광장이 있었다면, 현대에는 온라인 세상이 있습니다. 그 세상에서 젊은이들을 유혹하는 음녀의 목소리가 얼마나 크게 들리는지 모릅니다. 그것만 있는 것이 아닙니다. 진리의 소리, 지혜의 목소리도 못지않게 많습니다. 문제는 진리의 부름에 응답하는 이는 적고 유혹에 끌려가는 이는 많다는 것입니다.

과연 나는 음녀의 목소리와 지혜의 목소리 중 어디에 반응하고 있습니까? 음녀가 아니라 지혜가 부르는 소리에 응답하기를 간절히 바랍니다.

마음을 밝히는 인생

"어리석은 자들아 너희는 명철할지니라 미련한 자들아 너희는 마음이 밝을
지니라"(잠 8:5).

하와는 선악과를 먹으면 눈이 밝아진다는 뱀의 유혹에 넘
어가고 말았습니다. 정말 그녀는 선악과를 따 먹고 눈이 밝아
졌습니다. 이전에 미처 몰랐는데 자기도, 남편도 벌거벗었다
는 사실을 알아차렸습니다. 한마디로 서로의 부끄러운 모습이
보이기 시작한 것입니다. 분명 눈이 밝아지기는 했는데, 그것
으로 기껏 자기와 남편의 허물을 발견했다니 참으로 안타깝습
니다.

오늘 말씀은 미련한 자들에게 "너희는 마음이 밝을지니라"
라고 말합니다. 제 귀에는 눈보다 마음이 밝아지기를 소망하라
는 말씀으로 들립니다. 정말로 마음이 밝아지는 것이 훨씬 더
좋은 것 같습니다. 왜냐하면 에베소서 1장 18-19절에 따르면,
우리 마음의 눈이 밝아지면 성도의 부르심의 소망이 무엇이고,

성도가 받는 상급의 영광의 풍성함이 무엇이며, 믿는 우리에게 하나님이 베푸신 능력이 얼마나 큰지를 볼 수 있기 때문입니다. 눈보다 마음이 밝아지는 것이 훨씬 더 좋습니다. 다른 사람의 허물이 보이는 삶보다 내게 있는 그리스도인의 소망과 하나님의 은혜가 분명하게 보이는 삶이 훨씬 더 복됩니다.

왜 분노하고 시기합니까

"29 노하기를 더디 하는 자는 크게 명철하여도 마음이 조급한 자는 어리석음을 나타내느니라 30 평온한 마음은 육신의 생명이나 시기는 뼈를 썩게 하느니라"(잠 14:29-30).

분노, 조급함, 시기는 서로 상관관계가 없어 보이는 것들이지만 사실 공통점이 있습니다. 바로 '죄'입니다. 특별히 '하나님'의 주권과 관련되어 우리가 저지르는 죄입니다.

먼저 분노를 생각해 봅시다. 왜 화가 납니까? 여러 가지 이유가 있겠지만 보통 내 뜻대로 일이 진행되지 않을 때 화가 납니다. 세상 일이 마음대로 되지 않으니까 결국 분노하는 것입니다. 그러니까 분노의 배후에는 세상일을 주관하시는 하나님에 대한 '불만'이 자리 잡고 있습니다.

조급함은 어떻습니까? 이것 역시 어떠한 일이 내가 원하는 시간에 성취되지 않는 것과 관련된 마음입니다. 인정하기 싫지만 역시 시간의 주인이신 하나님에 대한 '불신'이 자리 잡고 있습니다.

시기도 마찬가지입니다. 왜 시기하고 질투합니까? 쉽게 말해 하나님이 나 말고 '그 사람'에게 '그것들을' 주신 것이 싫기 때문입니다. 왜 하나님은 내게 허락하지 않으신 재능과 은사와 성공을 그 사람에게는 주시는가에 대한 '불만'이 자리 잡고 있습니다.

어떻습니까? 결국 분노와 조급함과 시기는 다음과 같은 질문들로 정리될 수 있습니다.

왜 내 맘대로 되지 않는가?

왜 내가 원하는 시간에 일이 성취되지 않는가?

왜 내게 허락되지 않은 것이 그 사람에게는 허락되었는가?

이 질문들의 칼끝은 모두 하나님의 주권을 향하고 있습니다. 그렇다면 분노와 조급함과 시기를 극복하는 길 역시 하나밖에 없습니다. '하나님의 주권'을 인정하고 순복하는 것입니다.

하나님이 세상일을 주관하시고, 시간의 주인이시며, 내게도 많은 재능과 은사들을 허락하셨다는 것을 잊지 맙시다. 그럴 때만이 분노와 조급함과 시기에서 놓여 평안할 수 있기 때문입니다. 하나님의 주권을 겸손히 인정하기 바랍니다.

분을 참는 자가 용사보다 낫습니다

"노하기를 더디하는 자는 용사보다 낫고 자기의 마음을 다스리는 자는 성을 빼앗는 자보다 나으니라"(잠 16:32).

오늘 본문은 하나님의 주권에 순복하여 분노를 극복하고 자기 마음을 다스리는 자에게 놀라운 보상이 있음을 알려 줍니다. 어떤 보상일까요?

노하기를 더디 하고, 마음을 다스리는 자는 하나님이 용사보다 더 낫게 보신다고 합니다. 또 성을 빼앗는 것보다도 더 대단한 일을 했다고 인정해 주신답니다. 전혀 예상하지 못한 놀라운 보상입니다.

고대 시대에 용사는 다른 사람을 굴복시키는 사람이었습니다. 그런데 하나님은 다른 사람을 굴복시키는 것보다 나의 감정을 굴복시키는 것을 훨씬 더 훌륭하게 보신다니 놀랍지 않습니까? 또, 성을 빼앗는 것은 대단한 일입니다. 그런데 하나님은 화를 참는 것이 성을 빼앗는 것보다 더 대단한 일을 한 것이라고 인정해 주신다고 합니다. 정말 놀라운 이야기입니다.

분을 참는 것이 그렇게 대단한 일입니다. 오늘부터 화를 한 번 참아 봅시다. 안 되면 심호흡하면서 참는 연습을 해 봅시다. 하나님이 나를 용사라고 불러 주시고, 또 성 하나 빼앗았다고 쳐주신다는 것을 기억하기 바랍니다.

훗날 하나님 앞에 섰을 때, 주께서 "너는 나의 용사다. 네가 빼앗은 성이 많다"라고 말씀해 주시면 좋겠습니다. 망각하기 쉬운 인생이지만, 오늘 말씀을 꼭 마음에 새기기를 소원합니다.

훈계의 말씀에 밑줄 칩시다

"훈계를 좋아하는 자는 지식을 좋아하거니와 징계를 싫어하는 자는 짐승과
같으니라"(잠 12:1).

훈계를 좋아하는 사람은 많지 않습니다. 그런데 성경책을
진득하게 들여다보십시오. 훈계의 말씀이 가득합니다. 잠언도
그렇습니다. 한 절 한 절이 다 훈계의 말씀입니다. 급기야는 "훈
계를 좋아하라"고 말씀합니다. 이것이 잠언의 요점 중 하나입
니다. 물론 위로와 권면의 말씀도 있습니다. 그렇지만 많은 구
절이 우리를 책망하고 훈계하고 회개하라는 말씀입니다.

사도 바울이 디모데에게 쓴 편지에도 이와 같은 내용이 있
습니다.

"모든 성경은 하나님의 감동으로 된 것으로 교훈과 책망과 바르게 함과 의
로 교육하기에 유익하니"(딤후 3:16).

어떻습니까? 성경은 재미있는 이야기책이 아닙니다. 우리를 교훈하고 책망하고 바르게 하시는 하나님의 훈계의 책입니다.

하나님이 선지자들을 보내시는 목적도 죄악에 빠진 백성을 책망하고 훈계하시기 위함이었습니다. 그런데 이스라엘 백성은 훈계를 싫어했습니다. 하나님이 보내신 선지자들을 핍박하고 돌로 쳤습니다. 대신 지금 잘하고 있다고 등 두드려 주고, 달콤한 위로의 말씀을 전해 주는 거짓 선지자의 메시지를 좋아했습니다. '메시지'가 아니라 '마사지'를 원했던 것입니다.

하나님은 탄식하십니다. 그리고 경고하십니다.

"예루살렘아 너는 훈계를 받으라 그리하지 아니하면 내 마음이 너를 싫어하고 너를 황폐하게 하여 주민이 없는 땅으로 만들리라"(렘 6:8).

우리는 성경을 읽다가 위로를 주는 말씀을 만나면 형광펜으로 줄을 긋습니다. 그 말씀이 너무 좋아서 간직하기 위함입니다. 그런데 우리를 책망하고 훈계하는 말씀 앞에서는 어떻습니까? 어물쩍 모른 척 지나가고 있지는 않습니까?

위로의 말씀도 좋지만, 훈계의 말씀에 줄을 치는 것이 더 잘하는 것입니다. 책망과 훈계의 말씀을 좋아해야 우리 영이 살아나기 때문입니다. 성경 곳곳에 우리를 교훈하고 책망하는 말씀마다 선명한 줄이 쳐지기를 소원합니다.

불순종의 배후에 있는 것

"악한 자는 반역만 힘쓰나니…"(잠 17:11).

성경이 모든 죄의 근원으로 지목하는 죄가 있습니다. 그것
은 바로 불순종 즉 반역입니다. 아담이 왜 타락했습니까? 하나
님의 명령에 거역, 즉 불순종했기 때문입니다. 그래서 성경이
우리에게 가장 강조하는 명령 역시 한 가지입니다. 순종하라는
것입니다. 그런데 어둠의 세력은 우리가 하나님께 순종하는 것
을 매우 싫어합니다. 사실 에베소서 2장이 폭로하는 사탄의 정
체는 다름 아닌 '불순종의 아들들 가운데서 역사하는 영'이라
는 사실에 주목해야 합니다.

존 비비어의 책《순종》에 나오는 이야기입니다. 저자가 청
소년 사역을 할 때 고등부 아이들 중에 '사탄교'에 빠진 친구들
이 있었다고 합니다. 그런데 참으로 놀랍게도 사탄교에 가입하
기 위해서는 아이들이 마약을 하거나 술을 마시거나 성관계를
하거나 도둑질을 하거나, 적어도 거짓말이라도 하고 와야 한다

고 합니다. 즉 하나님의 법을 어기든 국가 법을 어기든 한 가지는 반드시 해야만 한다는 것입니다. 더 놀라운 사실은 거역의 정도가 크면 클수록 사탄으로부터 더 많은 힘을 얻을 수 있으니 이왕이면 더 큰 거역을 행하라고 종용한다는 점입니다. 어떻습니까? 참으로 놀랍고 무서운 이야기가 아닙니까? 정말로 사탄은 불순종의 아들들 가운데서 역사하는 영임을 우리는 알아야 합니다.

순종과 불순종은 우리가 생각하는 것보다 더 영적인 차원의 문제입니다. 우리 중에는 그 누구도 불순종의 아들들 가운데서 역사하는 영에게 속지 않기 원합니다.

하나님은 왜 침묵하실까요

"24 내가 불렀으나 너희가 듣기 싫어하였고 내가 손을 폈으나 돌아보는 자가 없었고 25 도리어 나의 모든 교훈을 멸시하며 나의 책망을 받지 아니하였은즉… 28 그때에 너희가 나를 부르리라 그래도 내가 대답하지 아니하겠고 부지런히 나를 찾으리라 그래도 나를 만나지 못하리니 29 대저 너희가 지식을 미워하며 여호와 경외하기를 즐거워하지 아니하며"(잠 1:24-29).

하나님이 침묵하실 때가 있습니다. 아무리 불러도 대답하지 않으실 때가 있습니다. 하나님의 침묵 앞에서 우리는 당황합니다. 하나님이 정말 살아 계시느냐고 따집니다. 그런데 잠언 말씀은 놀라운 이야기를 합니다. 하나님이 살아 계신 인격이기 때문에 때로 침묵하신다고 말입니다.

기계는 비인격입니다. 그래서 인간이 부르고 요청하면 무조건 반응합니다. 어떤 상황에서도 기계는 마음 상하지 않습니다. 그냥 정해진 메커니즘에 따라 반응합니다. 그런데 인격체는 다릅니다. 인격체는 절대로 기계적으로 반응하지 않습니다. 인격체는 때로 마음이 상하면 반응하지 않습니다. 상대의 마음이 차갑게 굳어졌을 때는 아무리 애타게 이름을 불러도 쉽게 돌아보지 않습니다. 상대는 그저 말없이 나를 응시할지 모릅니다. 인격이기 때문입니다.

하나님에게도 바로 그런 인격이 있다는 사실을 잊으면 안 됩니다. 잠언 말씀을 보니 때로 주님은 우리가 간절히, 부지런히 불러도 대답하지 않으신다고 분명히 말합니다. 그런데 왜 그렇다고 하십니까? 이전에 주님이 우리를 그토록 애타게 부르실 때 우리가 거절하고, 손을 펴 돌아오라고 권면하실 때 돌아보지 않고, 주님이 마음을 기울여 우리를 교훈하고 책망하실 때도 그 교훈을 멸시하고 거절했기 때문입니다. 그뿐 아니라, 우리가 여호와 경외하기를 즐거워하지 않았기 때문입니다. 이 모든 일들 때문에 하나님의 마음이 상하셨다는 것입니다. 갑자기 내 인생에 문제가 생겨서 하나님을 찾아도, 하나님은 기계적으로 반응하는 분이 아니라는 말입니다. 인격이시기 때문입니다.

놀라운 말씀입니다. 하나님은 아무 때나 부르면 응답하는 램프의 요정 지니도, 아낌없이 주는 나무도 아닙니다. 하나님을 그런 정도로 대하면 안 됩니다. 만약 그랬다면 하나님을 크게 오해하는 것입니다. 우리는 먼저 하나님과 인격적인 관계를 맺어야 합니다. 똑똑히 알아야 합니다. 하나님은 인격이십니다.

하나님도 사랑의 매를 드십니다

"¹¹ 내 아들아 여호와의 징계를 경히 여기지 말라 그 꾸지람을 싫어하지 말라 ¹² 대저 여호와께서 그 사랑하시는 자를 징계하시기를 마치 아비가 그 기뻐하는 아들을 징계함같이 하시느니라"(잠 3:11-12).

한국계 미국인으로는 처음으로 미국 워싱턴 주 상원의원이 된 신호범 의원은 네 살 때 고아가 되었다가 미국인 부모에게 입양되어 미국에서 자랐습니다. 양아버지는 늘 그에게 잘해 주었습니다. 얼마나 잘해 주는지 친아들이 잘못하면 엄하게 야단을 쳤지만, 양아들인 자신은 무슨 잘못을 해도 혼내지 않았다고 합니다. 그는 양아버지가 자신을 혼내지 않는 것이 서운했습니다. 그래서 어느 날 양아버지에게 울면서 대들었습니다. "아버지, 왜 저를 친아들과 차별하십니까?"

그러자 양아버지가 눈이 휘둥그레져서 물었습니다. "무슨 소리냐? 나는 너를 내 친아들과 똑같이 먹이고 입히며 정성을 다해서 키웠는데, 대체 무엇이 부족해서 이러는 것이냐?"

"부족한 게 아닙니다. 왜 저를 혼내지 않으십니까? 왜 제가 잘못했을 때 엄하게 꾸짖지 않으십니까? 제가 진짜 아버지 아들이라면 잘못했을 때 혼을 내셔야죠. 저는 그게 너무 서럽습니다."

얼마 후 그의 소원대로 양아버지에게 혼나는 일이 생겼다고 합니다. 바로 그때 비로소 그는 아버지의 진짜 아들이 된 것 같아서 기쁨의 눈물을 흘렸다고 합니다.

신호범 의원의 이야기를 듣고 나니 "여호와의 징계를 경히 여기지 말라 그 꾸지람을 싫어하지 말라"는 잠언 말씀이 새롭게 다가옵니다. 우리 생각과 달리 하나님의 징계는 사랑의 표현이기 때문입니다.

만약 내가 잘못 사는데도 하나님의 징계가 없다면 복 받은 것이 아니라 망하고 있다는 증거입니다. 왜냐하면 성경에 따르면 '내버려 두는 것'이 최고의 징계이기 때문입니다. 하나님이 우리를 안아 주고 달래 주시는 것만 사랑이 아닙니다. 우리를 징계하고 꾸짖으시는 것도 사랑입니다.

앞으로 내 삶에 하나님의 징계가 있을 때 섭섭해 하지 말기 바랍니다. '내가 정말 하나님의 자녀로구나' 하고 감사하는 은혜가 있기를 원합니다. 징계는 심판이 아니라, 심판을 피하라고 주시는 사랑의 매이기 때문입니다.

마음을 연단하시는 하나님

"도가니는 은을, 풀무는 금을 연단하거니와 여호와는 마음을 연단하시느니라"(잠 17:3).

광부들이 광산에서 캐낸 금과 은에는 여러 불순물이 섞여 있습니다. 은과 금은 매우 귀하지만 그 상태 그대로는 쓸 수 없습니다. 그러면 어떻게 해야 합니까? 순수한 은과 금을 얻는 유일한 방법은 뜨거운 용광로에 넣어 제련하는 것입니다. 그 원리는 간단합니다. 은은 녹는 온도가 약 962도, 금은 1,064도로 매우 높기 때문에 계속 가열하면 불순물들이 뜨거운 열 속에 먼저 녹아서 없어지고, 후에는 순수한 금과 은이 남게 되는 것입니다. 이것이 불순물을 제거하는 유일한 방법입니다. 오직 뜨거운 불을 통해서만 불순물이 제거되고 순수한 금과 은이 남는다니, 참 의미심장합니다.

우리 마음도 마찬가지입니다. 원래 우리는 하나님의 형상을 닮은 존재로 창조되었지만 마음속에 죄라는 여러 불순물이 섞여 있습니다. 조금 섞여 있는 정도가 아니라 매우 많이 섞여 있습니다. 예레미야 17장 9절에 따르면 "만물보다 거짓되고 심히 부패한 것은 마음이라"고까지 말합니다.

마음속에 덕지덕지 붙어 있는 이 불순물을 어떻게 제거할 수 있을까요? 역시 방법은 하나밖에 없습니다. 하나님이 준비하신 인생의 용광로, 이사야 선지자에 따르면 "고난의 풀무 불"(사 48:10)에 들어가야만 합니다. 사실 달가운 이야기는 아닙니다. 어느 누가 고난을 통과하는 것을 좋아하겠습니까? 그런데 오직 그 방법을 통해서만 우리 마음속 불순물이 빠지고 '정금 같은 존재'가 될 수 있습니다. 그래서 성경 기자는 고난당하는 것이 오히려 우리에게 유익이라고 고백하는 것입니다.

혹시 고난 가운데 있습니까? 이 고난이 내 마음속에 섞여 있는 죄의 불순물들을 제거하기 위해 하나님이 허락하신 '고난의 풀무 불'임을 잊지 맙시다. 비록 힘들지만, 이 시간을 통하여 우리는 분명 더 나은 신앙인이 될 줄로 믿습니다.

악인의 형통을 부러워할 필요 없습니다

"¹⁷ 네 마음으로 죄인의 형통을 부러워하지 말고 항상 여호와를 경외하라 ¹⁸ 정녕히 네 장래가 있겠고 네 소망이 끊어지지 아니하리라"(잠 23:17-18).

"왜 악인이 잘나가고 형통하는 것일까?"하는 질문이야말로 솔직한 고민거리입니다. 그런데 하나님이 죄인의 형통을 부러워하지 말라고 말씀하십니다. 그 이유는 무엇입니까? 장래와 소망이 있는 쪽은 여호와를 경외하는 이들이기 때문입니다. 시편 저자 중에 아삽 역시 악인의 형통함 때문에 시험에 들었던 사람입니다. 그가 남긴 시편 73편을 봅시다.

"² 나는 거의 넘어질 뻔하였고 나의 걸음이 미끄러질 뻔하였으니 ³ 이는 내가 악인의 형통함을 보고 오만한 자를 질투하였음이로다"(시 73:2-3).

얼마나 괴로웠는지 그의 넋두리는 16절까지 이어집니다.

"내가 어쩌면 이를 알까 하여 생각한즉 그것이 내게 심한 고통이 되었더니."

그런데 갑자기 17절에서 그의 고민이 해결됩니다.

"하나님의 성소에 들어갈 때에야 그들의 종말을 내가 깨달았나이다"

어떻습니까? 그는 다름 아닌 하나님의 성소에서, 예배드리는 가운데 그들의 종말, 그들의 끝을 깨닫습니다. 그리고 아삽은 시편 73편을 다음과 같은 놀라운 고백으로 마무리합니다.

"27 무릇 주를 멀리하는 자는 망하리니 음녀같이 주를 떠난 자를 주께서 다 멸하셨나이다 28 하나님께 가까이 함이 내게 복이라 내가 주 여호와를 나의 피난처로 삼아 주의 모든 행적을 전파하리이다"(시 73:27-28).

그는 악인의 형통은 부러워할 것이 아님을 알았습니다. 이 세상에서 잠깐 잘되어 봤자 영원히 망할 텐데 부러워할 일이겠습니까? 한 마디로 그의 가치관이 송두리째 바뀌어 버렸습니다.

우리가 주목해야 할 것은 그에게 깨달음이 임한 장소입니다. 그들만 바라볼 때는 시험에 들었는데, 하나님의 성소에서 위를 보고, 끝을 보게 될 때 비로소 모든 시험에서 벗어났습니다. 하나님의 성소가 왜 귀합니까? 예배드리는 가운데 현재에 머물러 있는 우리의 시선을 바꾸어 먼 미래까지 보게 해주기 때문입니다. 예배드리는 가운데 우리의 시선과 가치관이 변하기를 간절히 바랍니다.

믿음은 마지막에 대박 치는 삶입니다

"4 부자 되기에 애쓰지 말고 네 사사로운 지혜를 버릴지어다 5 네가 어찌 허무한 것에 주목하겠느냐 정녕히 재물은 스스로 날개를 내어 하늘을 나는 독수리처럼 날아가리라"(잠 23:4-5).

2019년에 개봉한 〈돈〉이라는 영화가 있습니다. 이 영화는 '10,000,000,000'(백억)을 큰 화면에 나타내는 것으로 시작합니다. 주인공은 오직 부자가 되고 싶은 꿈을 품고 여의도 증권가에 입성한 신입 주식 브로커입니다. 빽도 줄도 없고, 성과도 바닥인 그는 곧 해고 직전의 처지에 몰립니다.

위기의 순간, 베일에 싸인 신화적인 작전 설계자를 만나게 되고, 막대한 이익을 챙길 수 있는 부당한 조작거래 참여를 제안 받습니다. 주인공은 거기에 참여하여 많은 돈을 만지게 됩니다. 그런데 행복해지는 것이 아니라 점점 위험해지며, 결국은 이성마저 잃어 가게 되었다는 이야기입니다.

이 영화의 묘미는 마지막 엔딩 크레딧이 다 올라간 다음입니다. 모든 스텝의 이름과 협찬사의 로고가 지나간 후 마지막으로 동전 떨어지는 '쨍그랑' 소리와 함께 끝나기 때문입니다. 참 상징적이라는 생각을 했습니다. 영화의 시작은 100억이었는데, 끝은 '쨍그랑' 동전 한 개 떨어지는 소리라니 말입니다.

본문 말씀도 허무한 것에 주목하지 말라고 당부합니다. 재물은 붙잡으려 할수록 날개를 달고 훨훨 날아가 버린다고 말입니다. 결론을 뻔히 알면서 갈 수 없습니다. 허무한 것에 주목하고 평생 살다가 마지막에 쪽박을 찰 수는 없습니다.

얼핏 보면 우리 그리스도인들의 삶은 아무 것도 없는 것 같습니다. 그런데 이 길 끝을 주목하기 바랍니다. 우리 인생 마지막에 정말 대박이 기다리고 있기 때문입니다. 그래서 우리는 감히 주장합니다. 믿는 우리는 "아무 것도 없는 자 같으나 모든 것을 가진 자"(고후 6:10)라고 말입니다.

내가 그 이상한 놈입니다

"미련한 자에게는 영예가 적당하지 아니하니…"(잠 26:1).
"문짝이 돌쩌귀를 따라서 도는 것같이 게으른 자는 침상에서 도느니라"(잠 26:14).
"거짓말 하는 자는 자기가 해한 자를 미워하고 아첨하는 입은 패망을 일으키느니라"(잠 26:28).

〈좋은 놈, 나쁜 놈, 이상한 놈〉이라는 한국 영화에는 정말 좋은 놈, 나쁜 놈, 이상한 놈이 등장합니다. 그런데 성경에도 이와 같은 자에 대해 말씀합니다.

먼저 잠언 26장에는 '나쁜 놈'들이 나옵니다. 미련한 자(1-12), 게으른 자(13-16), 입술에 문제가 있는 자(17-28)들은 성경 표현을 빌리면 다 악한 자들입니다. 그러면 성경이 말하는 '좋은 놈'은 누구일까요? 당연히 지혜롭고, 부지런하며, 입술에 열매가 있는 사람들일 것입니다. 성경은 실제로 이런 사람들을 일컬어 착하고 충성된 종들이라고 칭찬하기 때문입니다.

성경은 '이상한 놈'에 대해서도 말합니다. 누구일까요? 홍

미롭게도 로마서 7장을 보면 사도 바울이 이런 고백을 합니다.

> "21 그러므로 내가 한 법을 깨달았노니 곧 선을 행하기 원하는 나에게 악이 함께 있는 것이로다 22 내 속사람으로는 하나님의 법을 즐거워하되 23 내 지체 속에서 한 다른 법이 내 마음의 법과 싸워 내 지체 속에 있는 죄의 법으로 나를 사로잡는 것을 보는도다 24 오호라 나는 곤고한 사람이로다 이 사망의 몸에서 누가 나를 건져내랴"(롬 7:21-24).

그렇습니다. 한편으로는 하나님 뜻대로 살기를 원하지만, 또 한편으로는 죄와 어둠을 즐기는 나. 겸손을 말하지만 사실은 교만하고, 아무것도 아닌 존재라고 말은 하지만 누군가 정말 알아주지 않으면 기분 상하는 나. 늘 하나님께 영광 돌린다고 말은 하지만 내심 박수 받고 싶어하는 나. 바로 내가 참으로 '이상한 놈'이며 '곤고한 사람'입니다.

이렇게 모순투성이인 나를 한결같은 사랑으로 참아 주시고 돌보아 주시는 주님의 은혜가 새삼 더 크게 느껴집니다. 생각할수록 더 감사합니다.

하나님은 시련도 주시지만 복도 주십니다

"18 성실하게 행하는 자는 구원을 받을 것이나 굽은 길로 행하는 자는 곧 넘어지리라 19 자기의 토지를 경작하는 자는 먹을 것이 많으려니와 방탕을 따르는 자는 궁핍함이 많으리라 20 충성된 자는 복이 많아도 속히 부하고자 하는 자는 형벌을 면하지 못하리라"(잠 28:18-20).

하나님은 누구에게 은혜와 복을 주실까요? 오늘 본문은 말씀합니다. 성실하게 행하는 자, 토지를 경작하는 자, 충성된 자는 구원을 받고, 먹을 것이 풍족하고, 복을 받게 된다고 말입니다. 반대로, 굽은 길로 행하는 자, 방탕을 따르는 자, 속히 부하고자 하는 자들은 곧 넘어지게 되고, 궁핍하게 되고, 형벌을 면하지 못하게 된다고 분명히 선언합니다. 완벽한 대조입니다.

누군가는 손을 들고 이의를 제기할 것입니다. 세상이 그렇게 단순하지 않다고 말입니다. 성경에 욥기가 있음을 모르느냐고, 시편에도 수많은 탄식시가 있지 않느냐고 말입니다. 맞습니다. 죄로 인해 깨어진 세상이기에 원칙이 다 작동하지 않음을 압니다. 성실하게 충성하며 살아도 삶이 고단할 수 있음을 모르는 바 아닙니다.

그러나 성경에 욥기만 있는 것도 아니고, 시편에 탄식시만 있는 것도 아니라는 사실을 알아야 합니다. 편견 없이 성경을 보십시오. 하나님 앞에 보인 성실과 충성으로 복을 받은 사람들 이야기가 나오지 않습니까? 또 시편에도 성실한 자를 갚아 주시는 하나님을 찬양하는 감사시가 얼마나 많이 있습니까?

그러니 우리는 믿어야 합니다. 하나님이 공의로우시기에 성실하고, 충성하고, 땀 흘리는 자에게 결국은 복 주신다는 원칙을 말입니다. 우리가 주목하는 것은 단지 이 세상이 아니라 영원입니다. 그렇다면 분명 그 원칙이 작동하게 됨을 결국은 경험하게 될 줄로 믿습니다.

속사람이 강건하면 됩니다

"사람의 심령은 그의 병을 능히 이기려니와 심령이 상하면 그것을 누가 일
으키겠느냐"(잠 18:14).

성경에 따르면 인간은 영(spirit)과 혼(soul)과 육(body)으로 이
루어져 있습니다. 그런데 그 세 가지 중에서 가장 중요한 것은
우리 속 가장 깊은 곳에 자리 잡은 영입니다. 얼마나 우리 속사
람이 중요한지, 오늘 본문에 따르면 심령이 강건하면 능히 병
도 이길 수 있다고까지 합니다.

그런데 사람의 심령이 그의 병을 능히 이긴다는 말은 속사
람이 강건하면 모든 병이 고침받는다는 말은 아닙니다. 사실
그 이상의 말입니다. 병이 낫지 않아도, 육체의 연약함은 그대
로라 할지라도 얼마든지 병에 눌리지 않고 이기며 살 수 있기
때문입니다.

닉 부이치치(Nick Vujicic)는 해표지증이라는 희귀병으로 사
지 없이 태어났습니다. 그런데 그의 강연을 들어 보거나 신앙

고백을 정리한 책을 보면 놀라운 점을 발견합니다. 그는 조금도 병에 눌리지 않았기 때문입니다. 오히려 누구보다도 밝고 건강하게 삽니다. 왜일까요? 속사람이 강건하기 때문입니다. 물론 그의 장애가 해결된 것은 아닙니다. 육체의 연약함은 그대로입니다. 하지만 속사람이 건강하기에 장애에 눌리기는커녕 이기며 사는 것입니다.

사도 바울도 마찬가지입니다. 사실 그도 질병을 앓고 있었습니다. 성경학자들은 그 병이 안질이라고도 하고, 간질이라고도 하는데, 중요한 것은 그 역시 질병에 눌리지 않고 살았다는 것입니다. 문제가 있지만 그 문제에 눌리지 않고 극복할 수 있는 것은 그의 속사람, 심령이 강하기 때문입니다.

정말로 중요한 것은 우리 속사람입니다. 속사람이 강건해야 문제에 짓눌리지 않고 이겨 낼 수 있습니다. 이 사실을 잘 알기에 사도 바울은 에베소 교회 성도들의 속사람이 강건해지기를 간절히 기도했습니다.

"그의 영광의 풍성함을 따라 그의 성령으로 말미암아 너희 속사람을 능력으로 강건하게 하시오며"(엡 3:16). 저도 성도들을 위해 같은 마음으로 기도합니다. 우리 모두의 속사람이 성령의 능력으로 강건해지기를, 그래서 어떤 문제도 능히 이겨 내는 은혜가 있기를 간절히 소원합니다.

구부러진 말을 경계해야 하는 이유

"불량하고 악한 자는 구부러진 말을 하고 다니며"(잠 6:12).

잠언은 여러 곳에서 말의 중요성을 강조합니다. 오늘 본문에서도 불량하고 악한 자들은 '구부러진 말'을 하니 경계하라는 말씀이 나옵니다. 그런데 구부러진 말이란 무엇일까요? 아마도 뒤틀린 말, 곧지 않은 말, 비꼬는 말, 비뚤어진 말들일 것입니다.

무심코 해당 구절을 영어 성경(NIV)에서 찾아보는데, 그만 무릎을 탁 치고 말았습니다. '구부러진 말'을 'corrupt mouth'라고 번역하고 있기 때문입니다. 직역하면 '타락한 입'입니다. 구부러진 말은 단지 뒤틀리고 비뚤어진 말 정도가 아닙니다. '타락'과 관련된 언어이기 때문에 영적인 의미가 있습니다.

가만히 보니 인류의 타락은 다름 아닌 뱀이 교묘하게 뒤튼 '구부러진 말'에서 시작했습니다. 그는 간교하게 묻습니다.

"… 하나님이 참으로 너희에게 동산 모든 나무의 열매를 먹지 말라 하시더냐"(창 3:1).

하나님은 그렇게 말씀하신 적 없습니다. 그런데 뱀은 교묘하게 비틉니다. 그리고 계속해서 말합니다.

"4 뱀이 여자에게 이르되 너희가 결코 죽지 아니하리라 5 너희가 그것을 먹는 날에는 너희 눈이 밝아져 하나님과 같이 되어 선악을 알 줄 하나님이 아심이니라"(창 3:4-5).

얼마나 간교하게 하나님이 하신 말씀을 구부리고 비트는지 모릅니다. 그런데 바로 이 구부러진 말을 들을 때 하와의 마음 속에는 하나님을 향한 불신이 싹트고 맙니다. 다시 말해 뱀의 구부러진 말이 하와의 마음도 구부러지게, 타락하게 만들었습니다.

잠언 말씀이 경계하는 것처럼, 오늘날에도 구부러진 말을 하고 다니는 불량하고 악한 자들이 있습니다. 우리는 이들을 매우 경계해야 합니다. 왜냐하면 이들의 구부러진 말, 타락한 입술이 듣는 이들의 마음을 역시 구부리고 타락하게 만들기 때문입니다.

칭찬의 말은 오아시스와 같습니다

"의인의 입은 생명의 샘이라도 악인의 입은 독을 머금었느니라"(잠 10:11).

사막을 건너기 위해서는 반드시 오아시스를 만나야 합니다. 오아시스는 그야말로 생명의 샘입니다. 사막의 거친 모래바람에 지칠 대로 지친 여행객들이 바로 이곳에서 새 힘을 얻습니다. 그런데 본문 말씀은 놀라운 이야기를 합니다. 우리 입술이 바로 누군가에게 생명의 샘이 될 수 있다고 말입니다. 정말 그렇습니다. 사막 같은 인생, 지치고 고된 삶의 무게로 녹초가 된 사람들에게 말 한마디로 새 힘을 주는 입술들이 있습니다.

"아빠, 엄마 힘내세요. 사랑해요"라는 아이들의 말 한마디가 삶과 육아에 지친 아버지와 어머니를 살려 내는 생명의 샘, 오아시스가 아니고 무엇이겠습니까. "여보, 사랑해요. 당신밖에 없어요"라는 아내의 말도 축 늘어진 남편의 어깨를 다시 살려 내는 생명의 샘이며, "너희가 내 아들과 딸이라서 행복하다"

는 부모의 말 역시 아이들을 살리는 오아시스입니다. 그리고 "목사님이 우리 교회 목사님이어서 참 좋아요" "좋은 교회에 다닐 수 있어서 너무 감사합니다" 같은 성도님들의 한마디 또한 지친 목회자를 살려 내는 생명의 샘들입니다.

그런가 하면 우리 입술이 누군가를 죽이는 독을 머금을 수도 있습니다. 비판과 정죄, 판단과 경멸하는 말 안에는 무서운 독이 있습니다. 이런 말들은 그렇지 않아도 삶의 무게로 지쳐 있는 이들을 완전히 무너뜨려 버립니다.

우리 입술이 삶에 지친 영혼들을 죽이는 독이 아니라, 그들을 다시 일으켜 세워 주는 살리는 샘 되기를 소원합니다.

말조심해야 합니다

"말이 많으면 허물을 면하기 어려우나 그 입술을 제어하는 자는 지혜가 있느니라"(잠 10:19).

말은 정말 신기합니다. 내 입 안에 있을 때까지는 분명 내가 그 말의 주인이지만, 일단 입 밖으로 나가는 순간 그 말은 더 이상 내 것이 아닙니다. 내가 내뱉은 말은 놀라운 생명력을 가지고 이 세상을 돌아다니며 전혀 의도하지 않은 결과를 만들기 때문입니다.

때로 내가 뱉은 긍정적인 말은 좋은 열매를 만들어 냅니다. 그러나 무심코 뱉은 부주의한 말 한마디는 누군가를 좌절시키고, 낙심시키고, 오해를 불러일으킵니다. '아차!' 하고 후회하지만 이미 늦었습니다. 한 번 나온 말은 다시 주워 담을 수 없고, 우리가 조절하거나 통제할 수도 없습니다.

그렇다면 실수를 줄이는 방법은 한 가지밖에 없습니다. 아직 말이 내 입술 안에 있을 때, 그 말을 세상에 내보내기 전에 최대한 제어하는 것입니다. 가만히 보니 오늘 말씀도 우리에게 입술을 제어하라고 권면합니다. 말이 많으면 허물을 면하기 어렵다고 말입니다. 맞습니다. 다언(多言)은 실언으로 가는 지름길입니다.

말씀으로 세상을 창조하신 하나님이 우리에게 말조심하라고 부탁하십니다. 이 당부의 말씀을 가슴에 새겨야 합니다. 아직 말이 내 입 안에 있을 때, 우리가 통제할 수 있을 때, 그 말을 조심스럽게 살피고 제어하는 지혜가 있기를 간절히 소망합니다.

입은 인풋보다 아웃풋이 더 중요합니다

"성읍은 정직한 자의 축복으로 인하여 진흥하고 악한 자의 입으로 말미암아 무너지느니라"(잠 11:11).

우리 인체 기관들은 대부분 받아들이는 것, 즉 인풋(input)을 조심하면 됩니다. 예를 들어 눈은 무엇을 보는지, 귀는 무엇을 듣는지만 조심하면 됩니다. 코 역시 독한 냄새만 맡지 않으면 괜찮습니다. 모두 인풋만 조심하면 충분합니다.

그런데 입은 다릅니다. 입은 들어오는 음식만이 아니라 나가는 말, 즉 아웃풋(output)도 조심해야 하는 유일한 기관입니다. 어쩌면 들어오는 것보다 나가는 것을 훨씬 더 조심해야 합니다. 음식을 잘못 먹으면 내 몸 하나 해를 입는 정도지만, 말을 잘못 내보내면 공동체 전체가 위험에 빠질 수도 있기 때문입니다.

잠언의 경고를 봅시다. 본문에서 '성읍' 자리에 '공동체'를 넣어서 읽어 봅시다. "공동체는 정직한 자의 축복의 말로 진흥하고 번성하고 부흥하지만, 악한 자의 입으로 말미암아 무너진다."어떻습니까? 우리 입술의 힘이 이렇게 큽니다. 공동체가 흥하고 망하는 것이 우리 입술에 달려 있습니다. 한 가정이 부부간에 내뱉은 심한 말 때문에 완전히 깨지기도 하고, 한 교회가 악의적인 소문 하나로 무너지기도 하기 때문입니다.

우리는 교회라는 공동체에 속해 있습니다. 우리 교회가 나의 살리는 말로 진흥하고 부흥하고 번성하기만을 원합니다. 혹시라도 부주의한 내 입술 때문에 교회가, 공동체가 무너지는 일이 없기를 간절히 소원합니다.

입술이 바뀌어야 인생이 바뀝니다

"사람은 입의 열매로 말미암아 복록에 족하며 그 손이 행하는 대로 자기가 받느니라"(잠 12:14).

이기주 작가의《말의 품격》에 소개된 이야기입니다. 프랑스에 있는 한 카페에는 커피값이 이렇게 적혀 있다고 합니다.

커피- 7유로

커피 주세요 - 4.25유로

안녕하세요, 커피 한 잔 주세요- 1.40유로

그냥 "커피!"라고 퉁명스럽게 주문하면 7유로지만 "안녕하세요, 커피 한 잔 주세요"라고 공손히 주문하면 1/5의 가격만 받는 것입니다. 고객이 커피를 주문할 때 구사하는 말의 품격에 따라 음료의 가격을 차등 적용하는 것이지요.

사실 커피값만이 아닙니다. 내가 어떤 말을 어떻게 하느냐에 따라 인생이 완전히 달라질 수 있습니다. 오늘 본문이 우리에게 주는 메시지도 바로 그것입니다. 우리 인생이 입술에 달려 있다고 말입니다.

성경 곳곳에는 입술을 조심해야 한다는 하나님의 당부가 있습니다. 특별히 민수기에서는 "너희 말이 내 귀에 들린 대로 내가 너희에게 행하리니"(민 14:28)라고 하셨습니다. 그러니 기도해야 합니다. 시편 141편 3절 말씀처럼 "여호와여 내 입에 파수꾼을 세우시고 내 입술의 문을 지키소서"라고 간구해야 합니다. "때에 맞는 말"(잠 15:23), "경우에 합당한 말"(잠 25:11)을 하도록 입술을 훈련해야 합니다.

입술이 바뀌어야 인생이 바뀝니다. 오래된 집을 리모델링하는 것보다 입술 리모델링이 중요합니다. 입술이 바뀔 때 우리 인생은 훨씬 더 많이, 크게 바뀝니다. 하나님이 우리의 부정적이고 비판적인 입술을 긍정적이고 감사하는 입술로 바꿔 주시기를, 그로 인해 우리 인생이 새로워지는 은혜가 있기를 간절히 소원합니다.

하나님 보시기에 좋은 인생을 삽시다

"사람은 입의 열매로 인하여 복록을 누리거니와…"(잠 13:2).

잠언 12장 14절에 나왔던 말씀이 13장 2절에 한 번 더 나옵니다. 이번에는 '복록'이라는 단어를 집중해서 묵상해 보겠습니다. 저는 복록이란 'blessing'이라고 생각했습니다. 입술을 잘 사용하면 복을 누리게 된다는 의미일 것이라고 생각했습니다.

그런데 놀랍게도 이 단어의 히브리어 원형은 '토브'입니다. 창세기에서 '하나님 보시기에 좋았다'는 뜻으로 쓰인 단어 말입니다. 그렇다면 오늘 말씀을 원어의 의미를 살려서 다시 해석해 보겠습니다.

"사람은 입의 열매로 인하여 하나님 보시기에 좋은 인생이 됩니다."

사람들은 명품 옷을 입은 사람, 좋은 대학을 나온 사람, 좋은 직장을 다니는 사람, 키가 크고 잘생긴 외모를 가진 사람더러 '보기 좋다'고 합니다. 그런데 하나님은 그런 사람들이 아니라 입술이 아름다운 사람, 그 입술에 아름다운 열매가 있는 사람을 '토브' 즉 보기 좋은 인생이라고 하십니다.

우리의 인생이 하나님 보시기에 아름다운 '토브 인생'이 되기를 원합니다. 하나님이 세상을 창조하시고 보기에 좋다고 하셨던 그 감탄이 오늘 우리 입술을 보실 때 다시 나오기를 간절히 소원합니다.

무례함을 어떻게 잘 받아칠까요

"유순한 대답은 분노를 쉬게 하여도 과격한 말은 노를 격동하느니라"(잠 15:1).

"사람은 그 입의 대답으로 말미암아 기쁨을 얻나니 때에 맞는 말이 얼마나 아름다운고"(잠 15:23).

잠언 전체에서 가장 많이 나오는 단어는 '지혜'이지만, 두 번째 많이 나오는 단어는 '말'입니다. 말에 대한 교훈이 얼마나 많은지 모릅니다. 특별히 잠언 15장의 강조점은 말 중에서도 대답, 응답에 관한 것입니다. 여러 교훈들이 나오지만 한마디로 정리하면 상대방이 어떤 말을 해도 잘 응답하라는 것입니다.

말씀을 묵상하는데 꼭 탁구와 비슷하다는 생각이 들었습니다. 아시다시피 탁구의 생명은 리시브입니다. 공격도 중요하지만, 상대방의 날카로운 공격을 잘 받아넘겨야 정말 탁구를 잘 치는 사람입니다. 우리 언어생활도 마찬가지인 것 같습니다. 아내와 남편이 그리고 직장 동료가 날카롭고 무례한 말로 공격해 올 때, 그것을 어떻게 받아넘기느냐가 중요합니다.

무례한 공격을 어떻게 넘겨야 할까요? 잠언 15장 말씀에 그 답이 있습니다. 먼저 우리가 옳게 받아넘기는 방법입니다.

유순하게(1)
수용하는 태도로(5)
노하기를 더디 하며(18)
때에 맞는 말로(23)
선한 말로(26)
대답할 말을 깊이 생각하고(28)
충고를 달게 받으며(32)

그 다음으로는 받아넘겨서는 안 되는 방법입니다.

과격한 말로(1)
미련한 자처럼 함부로(2)
훈계를 업신여기며(5)
견책을 싫어하며(10)
분을 쉽게 내며(18)
악을 쏟아내는 말로(28)

대화도 '리시브'가 중요합니다. 상대방이 아무리 날카롭게 공격해 와도, 잠언 15장 말씀대로 잘 받아치면 아무 문제 없습니다. 그것이 지혜요 성공이고 승리임을 잊지 마시기 바랍니다.

언어에는 온도도 있지만 곧기도 있습니다

"마음이 굽은 자는 복을 얻지 못하고 혀가 패역한 자는 재앙에 빠지느니라"
(잠 17:20).

이기주는 《언어의 온도》라는 책에서 언어에는 나름의 온도가 있다고 말합니다. 그의 말처럼 어떤 말은 용광로처럼 뜨거워서 듣는 이가 정서적 화상을 입기도 하고, 반대로 어떤 말은 얼음장같이 차가워서 듣는 이의 마음이 꽁꽁 얼어붙을 수도 있습니다.

그런데 언어에는 온도만 있는 것이 아닙니다. 무게도 있습니다. 어떤 말은 매우 묵직해서 듣는 이를 압도하지만, 어떤 말은 한없이 가벼워서 어떠한 영향도 주지 않기 때문입니다. 무게뿐이겠습니까? 밝기도 있습니다. 어떤 말은 참 밝아서 듣는 이와 주변을 밝게 만드는가 하면, 어떤 말은 어둡기 짝이 없어서 주변을 온통 침울하게 만들기도 합니다.

그런데 오늘 말씀을 보니 언어에는 '곧기'도 있습니다. 어떤 말은 매우 곧고 바르지만, 어떤 말은 굽어져 있거나 꼬여 있다는 것입니다. 그렇게 굽은 말을 일컬어 개역개정 성경은 '패역하다'고 번역합니다. 언어의 온도, 무게, 밝기도 나름 중요하지만 가장 중요한 것은 '곧기'입니다. 왜냐하면 마음이 굽은 자와 혀가 패역한 자는 복을 얻지 못하고 재앙에 빠지게 되기 때문입니다.

사실 마음이 굽은 자와 혀가 패역한 자는 같은 사람입니다. 왜냐하면 사람은 그 마음에 가득한 것을 입으로 표현하는 존재이기 때문입니다(마 12장 참고). 마음이 굽어서 꼬인 말을 하는 자는 복을 얻지 못하고 재앙에 빠지게 된다는 무서운 경고를 기억해야 합니다.

결국 우리 운명은 다른 사람의 손에 있지 않습니다. 내 마음의 곧기와 내 혀가 하는 말의 바르기에 달려 있습니다. 하나님은 말씀으로 세상을 창조하셨고, 우리 인간은 내가 하는 말로 내 인생을 창조해 간다는 사실을 잊지 말아야 합니다. 오늘 나의 입술과 운명이 새로워지는 은혜를 구합니다.

칭찬으로 배부를 수 있습니다

"사람은 입에서 나오는 열매로 말미암아 배부르게 되나니 곧 그의 입술에서 나는 것으로 말미암아 만족하게 되느니라"(잠 18:20).

오늘 본문은 매우 흥미로운 이야기를 합니다. 입으로 들어가는 열매가 아니라 입에서 나오는 열매들로 인해 사람은 배부르게 되고 만족한다고 말입니다.

곰곰이 생각해 보면 정말 그렇습니다. 연애를 막 시작한 커플의 대화를 잘 보시기 바랍니다. 한쪽이 "뭐 먹으러 갈까?"라고 물으면 상대편은 여지없이 대답합니다. "아무거나 상관없어"라고 말입니다. 진심입니다. 정말로 그때는 메뉴가 전혀 중요하지 않습니다. 왜냐하면 사랑에 빠진 남녀가 서로에게 쏟아내는 칭찬과 호감과 사랑의 언어로 이미 배부르기 때문입니다.

참 신기합니다. 정말로 음식보다 우리의 말이 훨씬 더 배부르게 합니다. 제가 구역 대심방을 돌면 방문하는 구역마다 최고의 음식을 정성스럽게 준비해 주십니다. 그런데 그 음식들을 먹을 때 얻는 배부름보다도 "우리 교회 와서 너무 좋습니다" "목사님 말씀에 큰 은혜를 받습니다"라는 말들이 더 큰 만족과 배부름을 줍니다.

오늘 말씀 그대로 '입술에서 나오는 것'이 '입술로 들어가는 것'보다 훨씬 더 큰 포만감과 만족감을 주기 때문입니다.

혹시 그동안 식사할 때 "말 많이 하지 말고 조용히 밥만 먹어라" 하고 아이들에게 식사 예절을 가르쳤다면 오늘부터 바꿔야 합니다. 조용히 밥을 먹는 것이 미덕이 아니라 식사 시간에 반드시 "서로를 살리는 말, 세워 주는 말을 하라"고 가르치는 것이 지혜이기 때문입니다.

앞으로 사람을 집에 초대할 때도 음식만 준비하지 말고 '칭찬과 격려'의 말도 함께 준비하기 바랍니다. 그때 게스트는 놀라운 배부름과 만족을 느끼게 될 것이기 때문입니다.

우리 교회에 속한 성도님들의 입술이 축복의 통로가 되기를 원합니다. 목회자와 성도들이, 그리고 성도와 성도들이 서로를 향해 입술로 칭찬하고 격려하는 교회, 그래서 만날 때마다 행복하고 배부른 교회 되기를 간절히 소원합니다.

사촌이 땅을 사면 해야 할 일

"악인의 마음은 남의 재앙을 원하나니 그 이웃도 그 앞에서 은혜를 입지 못하느니라"(잠 21:10).

"사촌이 땅을 사면 배가 아프다"는 속담이 있습니다. 왜 그럴까요? 왜 남이 잘되는 게 싫을까요? 실제로 옆집이 잘되면 싫고, 심지어 옆 교회가 부흥하는 것도 싫다고 합니다. 그런데 성경은 그런 마음을 악인의 마음이라고 합니다. 우리는 악인이 되면 안 됩니다. 선인이 되어야 합니다. 남이 잘되기를 바라면서 축복하는 교회가 되어야 합니다.

초등학교 1학년 시험에 다음과 같은 문제가 실렸답니다.

"사촌이 땅을 사면(   )다. 빈 칸을 채우시오."

놀랍게도 몇 아이들이 이렇게 답했다고 합니다.

사촌이 땅을 사면 (가 본)다.

사촌이 땅을 사면 (둘러본)다.

사촌이 땅을 사면 (와, 좋겠다. 정말 좋겠)다.

사촌이 땅을 사면 (나는 씨 뿌린)다.

선생님은 이 대답에 빨간색 펜으로 틀렸다는 엑스 표시를 했는데, 사실 틀린 답이 아닙니다. 이것들이 맞는 답입니다. 남을 축복하는 마음, 선한 마음이기 때문입니다.

우리도 앞으로 사촌이 땅을 사면 가 보고, 둘러보고, 박수 치고, 씨 뿌리기 원합니다. 하나님이 그런 사람들에게 더 큰 은혜를 주실 줄로 믿습니다!

사랑한다면 참된 말을 합시다

"거짓 증인은 벌을 면하지 못할 것이요 거짓말을 뱉는 자는 망할 것이니라"(잠 19:9).

오늘 본문은 거짓 증언과 거짓말에 대한 경고의 말씀입니다. 십계명 중 제9계명, 즉 "네 이웃에 대하여 거짓 증거하지 말라"(출 20:16)는 명령이 생각납니다. 그런데 가만히 생각해 보니 단지 제9계명과만 관련된 것은 아닌 것 같습니다. 왜냐하면 이스라엘 백성들은 '하나님의 이름으로' 증언하기 때문에, 거짓 증거한다는 것은 결국 여호와의 이름을 망령되이 일컫는 죄, 즉 3계명도 어기는 것이기 때문입니다.

게다가 거짓 증거하는 동기는 결국 돈을 받았기 때문인데, 그렇다면 그것은 하나님보다 돈을 앞에 두는 행위, 즉 제1계명과 제2계명도 어기는 것이며, 만약 그렇게 거짓 증거하고 나서 안식일을 지나게 된다면 그것은 안식일을 거룩히 지키는 것이 아니기에 결과적으로 제4계명도 어길 가능성이 높습니다. 그러니까 거짓 증거와 거짓말은 절대로 단순한 죄가 아닙니다. 어쩌면 하나님과 관련된 네 가지 계명을 통째로 범하게 되는 무서운 죄가 될 수 있습니다. 그래서 하나님은 오늘 본문에서 거짓 증인은 벌을 면하지 못할 것이라고 강하게 경고하시는 것인지도 모릅니다.

그런데 거짓 증거하지 않는 것으로만 만족해서도 안 될 것 같습니다. 나아가 참된 말을 하는 것이 더 중요합니다. 사도 바울도 우리에게 말합니다.

> "그런즉 거짓을 버리고 각각 그 이웃과 더불어 참된 것을 말하라 이는 우리가 서로 지체가 됨이라"(엡 4:25).

또 하나 기억해야 할 것은 참된 말을 하는 우리의 태도입니다. 에베소서 4장 15절은 "오직 사랑 안에서 참된 것을" 하라고 강조하는데 사실 원어적으로 이 문장은 '사랑으로 참된 것을 말하라'고 번역해야 맞습니다. 그래서 영어 성경(NIV)에도 "Speaking the truth in love"라고 되어 있습니다. 무슨 말입니까? 참된 것을 말하는 것도 중요하지만 그 진실을 말하는 태도도 중요하다는 뜻입니다. 생각할수록 맞는 말입니다.

우리 입술에서 거짓은 물러가고 오직 참되고 진실한 말이 사랑으로 전해지는 은혜가 있기를 간절히 원합니다.

칭찬만 해 줘도 충분합니다

"도가니로 은을, 풀무로 금을, 칭찬으로 사람을 단련하느니라"(잠 27:21).

우리는 고난이 사람을 정금과 같이 단련시킨다는 것을 잘 알고 있습니다. 그런데 오늘 말씀은 놀라운 이야기를 합니다. 고난만이 아니라 칭찬도 사람을 단련한다고 말입니다. 결국 성경은 사람을 정금과 같은 존재로 만드는 두 가지 길을 알려 주는 셈입니다. 하나는 고난의 길, 또 하나는 칭찬의 길입니다.

누군가를 정금과 같이 만들고 싶습니까? 두 가지 방법이 있습니다. 한 가지는 그를 매우 괴롭게 하는 것입니다. 그러면 그 사람은 분명 고난을 통해 정금이 될 것입니다. 그런데 꼭 그렇게 하지 않아도 됩니다. 사랑하고 칭찬해 주어도 그는 정금과 같은 존재가 됩니다. 어떤 길을 택하겠습니까?

배우자도 마찬가지입니다. 배우자에게 스트레스를 많이 주고, 고생을 시키면 분명 배우자는 정금이 될 것입니다. 그런데 사랑해 주고, 칭찬을 많이 해주어도 정금이 됩니다. 자녀라고 다르지 않습니다. '젊어서 고생은 사서도 한다'는 말처럼 고생 길을 걷게 해도 분명 아이들은 정금이 될 것이지만, 무조건 사랑하고 때마다 인정해 주고 매사에 응원해 주어도 됩니다. 어떻게 하겠습니까?

말씀을 묵상하면서 결심합니다. 나는 만나는 사람을 칭찬만 해야겠다고. 어차피 인생길이 만만치 않습니다. 다 각자 감당해야 할 무거운 짐들이 있습니다. 그러니 우리가 그들을 더 괴롭게 할 이유도, 필요도 없습니다. 게다가 고난을 통해 사람을 정금 같게 하실 분은 오직 하나님 한 분이기 때문입니다.

칭찬합시다! 목회자를, 배우자를, 자녀들을 그리고 주변 사람들을. 내가 전한 마음 다한 칭찬이 그들을 단련시키고 정금과 같이 만드는 것을 보고 싶지 않습니까?

훈계하는 아버지입니까

"¹ 아들들아 아비의 훈계를 들으며 명철을 얻기에 주의하라 ² 내가 선한 도리를 너희에게 전하노니 내 법을 떠나지 말라"(잠 4:1-2).

오늘 본문을 읽는데 참 두려워졌습니다. 내가 자녀로서 아버지의 훈계를 잘 듣고 있는가 때문이 아닙니다. 아버지가 된 지금 과연 나는 자녀들을 훈계하는 아버지인가 하는 생각 때문입니다.

인정하기 싫지만, 그리고 물론 가정마다 정도는 다르겠지만, 제가 보기에 대부분의 가정에서 자녀 교육을 전담하는 이는 어머니입니다. 그러니 오늘날 한국 가정의 문제는 자식이 아버지의 훈계를 듣지 않는 것이 아닙니다. 자식을 훈계하는 아버지 자체가 거의 없다는 사실이 더 큰 문제입니다.

성경은 자식들이 아버지로부터 훈계를 듣고, 명철을 얻어야 하고, 또 선한 도리를 전수받아야 한다고 가르칩니다. 그래서 두렵습니다. 혹시 내가 아버지라면 점검해 보아야 합니다.

자식들을 잘 훈계하고 있습니까? 혹시 화만 내고 있지는 않습니까? 자녀들에게 명철을 전해 주고 있습니까? 용돈만 주고 있지는 않습니까? 선한 도리를 전하고 있습니까? 잘못된 식습관만 전하고 있지는 않습니까?

내가 어머니라도 역시 점검해 보아야 합니다. 혹시 나는 집안에서 남편으로부터 자녀를 교육하고 훈계할 기회를 뺏고 있지는 않습니까? 가끔 남편이 자녀들을 훈계하려고 하면 옆에서 끼어들면서 핀잔을 주지는 않습니까? 그러는 가운데 아이들이 무의식적으로 아버지보다 어머니의 눈치를 보게 만들지는 않습니까?

성경의 원리대로 자녀를 양육하는 부모가 되어야겠습니다. 각자의 위치에서 부모의 역할을 온전히 해낼 때 자녀는 하나님의 말씀으로 아름답게 성장할 것입니다.

자녀의 인생에 신앙을 먼저 채웁시다

"마땅히 행할 길을 아이에게 가르치라 그리하면 늙어도 그것을 떠나지 아니하리라"(잠 22:6).

항아리 안에 큰 돌, 중간 크기의 돌, 자갈 그리고 모래를 다 넣어야 한다면 무엇을 먼저 넣어야 하는지 아십니까? 큰 것부터 먼저 넣어야 합니다. 큰 돌을 먼저 넣은 다음에 중간 크기의 돌, 그다음에 자갈, 마지막으로 모래를 넣어야만 최대한 많은 양을 넣을 수 있습니다. 순서를 바꿔 작은 것을 먼저 넣기 시작하면 어떻게 됩니까? 절대로 마지막에 큰 돌을 넣을 수가 없습니다. 참 신기합니다. 작은 것으로 먼저 채운 항아리에는 큰 돌이 들어갈 자리가 남아 있지 않습니다.

왜 하나님이 마땅히 행할 길을 '아이에게' 가르치라고 하셨을까요? 제게는 이 말씀이 아이들의 인생에 가장 중요한 믿음을 먼저 넣어 주라는 말씀으로 들립니다. 아이들의 인생 그릇에 다른 것들로 가득 채워지기 전에 먼저 믿음이 들어가야 하기 때문입니다.

그런데 현실은 어떻습니까? 많은 부모님이, 심지어 믿음이 있는 부모님들도, 아이들에게 믿음보다 세상의 성공을 먼저 넣어 주려고 합니다. 지금은 공부 열심히 하고 나중에 대학 가서 열심히 믿으라고 합니다. 그런데 어디 그 아이들이 대학에 가서 열심히 믿던가요? 그렇게 되지 않습니다. 왜냐하면 이미 인생에 다른 것들이 가득 차서 믿음이 들어갈 자리가 남아 있지 않기 때문입니다.

아이들의 인생 그릇에 무엇이 채워지고 있습니까? 너무 늦기 전에 빨리 가장 귀한 믿음을 넣어 주어야 하지 않겠습니까?

말씀의 울타리가 자유를 지켜 줍니다

"²⁰ 내 아들아 네 아비의 명령을 지키며 네 어미의 법을 떠나지 말고 ²¹ 그것을 항상 네 마음에 새기며 네 목에 매라 ²² 그것이 네가 다닐 때에 너를 인도하며 네가 잘 때에 너를 보호하며 네가 깰 때에 너와 더불어 말하리니 ²³ 대저 명령은 등불이요 법은 빛이요 훈계의 책망은 곧 생명의 길이라 ²⁴ 이것이 너를 지켜 악한 여인에게, 이방 여인의 혀로 호리는 말에 빠지지 않게 하리라"(잠 6:20-24).

오늘 본문에는 '지키라' '떠나지 말라' '마음에 새기라' '목에 매라'와 같은 명령들이 나옵니다. 모두 자유를 제약하는 명령들 같습니다. 만약 부모가 자식에게 늘 이런 말을 한다면 숨막힌다고 느낄 수도 있을 것 같습니다. 내 자유를 제약한다고, 나를 옥죈다고 느낄 수도 있을 것 같습니다. 그런데 이 말씀들은 자녀의 자유를 제약하는 것이 아닙니다. 자녀에게 진정한 자유를 보장해 주는 울타리입니다.

울타리 안에서 태어나 그 안에서만 자란 한 어린 사슴이 있었습니다. 그는 엄마 사슴으로부터 절대로 울타리 밖에 나가면 안 된다고 엄한 교육을 받고 자라났습니다. 어린 사슴은 자신의 자유를 제약하는 엄마의 명령이 너무나 싫었습니다. 그래서 어느 날 엄마가 한눈파는 사이에 울타리 밖으로 탈출을 감행합니다. 울타리 밖, 그토록 갈망하던 자유를 찾아서 말입니다.

그런데 무방비 상태로 자유를 찾아 나선 어린 사슴을 기다리는 것은 자유가 아니라 날카로운 이빨을 가진 무서운 포식자였습니다. 그제야 어린 사슴은 자기를 둘러싸고 있던 울타리가 자유를 제약한 것이 아니라 진정으로 자유로울 수 있도록 지켜 준 고마운 것이었음을 깨닫게 됩니다. 너무 늦었지만 말입니다.

어떻습니까? 성경을 보면 '하지 말라'는 명령이 많아서 답답하다 느낄 수 있습니다. 그러나 기억해야 합니다. 하나님이 쳐 주시는 말씀의 울타리는 우리의 자유를 제약하기 위함이 아니라, 오히려 자유와 안전을 지켜 주기 위함임을 말입니다.

말씀의 울타리는 우리가 생각하는 것보다 충분히 넓습니다. 그 안에서 얼마든지 자유롭게 뛰놀 수 있습니다. 게다가 그 안은 매우 안전합니다. 사랑하는 우리 아이들이 말씀의 울타리 안에서 안전하고, 자유롭게 자라가기를 소원합니다.

말씀을 따르면 점점 흥해 갑니다

"악한 자의 집은 망하겠고 정직한 자의 장막은 흥하리라"(잠 14:11).

성경 말씀에 따르면 망하는 집이 있고, 흥하는 집이 있습니다. 대표적으로 사울 집안과 다윗 집안이 그러합니다.

사무엘하 2장 8절부터 4장 12절까지 사울 가문과 다윗 가문의 대립과 갈등 양상을 보도하는 중간에 성경은 이렇게 말합니다. "사울의 집과 다윗의 집 사이에 전쟁이 오래매 다윗은 점점 강하여 가고 사울의 집은 점점 약하여 가니라"(삼하 3:1). 멈춰서 묵상하게 되는 단어는 '점점'입니다. 한 번에 그렇게 된 것은 아니지만, 시간이 흐름에 따라 어떤 집안은 점점 망해 가고 어떤 집안은 점점 강해집니다.

사울의 집을 봅시다. 그의 집은 시간이 지날수록 영적(Spiritual power), 인적(Human power), 물적(Material power)으로 망해 갑니다. 먼저, 하나님의 영이 사울에게서 떠납니다. 그러자 그는 말할 수 없이 영적으로 곤궁해집니다. 후에는 어찌나 영적으로 궁핍해지는지 접신하는 영매를 찾을 정도가 되고 맙니다. 주변에 사람들도 없습니다. 성경을 보면 사울 주변에는 충직한 신하 하나가 없습니다. 그나마 있던 부하들은 하나둘 그의 곁을 떠나갑니다. 물질이 풍요롭던 집안은 완전히 몰락합니다. 사울의 아들 요나단이 남긴 유일한 혈육 므비보셋마저 집안의 재산을 종 시바에게 빼앗깁니다.

반면 다윗 집안은 영적으로, 인적으로, 물적으로 점점 부유하고 강해집니다. 무엇보다 하나님이 그와 함께 계시고, 주변에는 점점 사람들이 모입니다. 또한, 유, 무형의 자산도 풍성해집니다. 다윗이 가는 곳마다 승전고가 울리니 물질도 풍성해집니다. 그의 명성이 올라가 사방에 소문이 납니다. 엄청난 자산입니다. 후에 그는 비록 직접 성전을 건축하지 못하지만, 아들 솔로몬이 건축할 성전을 위해 헌금을 준비하는데, 그 목록을 보면 놀라울 정도입니다.

두 집안을 통해 악한 자의 집안은 점점 망해 가고, 하나님이 함께하시는 자의 장막은 점점 흥해 가는 현장을 확인합니다. 어떤 집안이 되기를 원합니까? 우리의 집안이, 그리고 교회가 다윗 집안처럼 점점 흥해 가는 은혜를 경험하기를 원합니다.

솔로몬의 교육 방법

"솔로몬의 잠언이라…"(잠 10:1).

잠언 1장에서 솔로몬은 "다윗의 아들 이스라엘 왕 솔로몬의 잠언이라"고 말하면서 잠언을 시작합니다. 그러다가 잠언 10장에 "솔로몬의 잠언이라"는 말이 다시 등장합니다. 별 의미 없게 보일 수 있지만, 제 눈에는 '잠언 챕터 2'를 새롭게 시작하는 표현으로 보입니다(참고로 '챕터 3'는 25장에서 시작합니다).

챕터 1(잠언 1-9장)과 챕터 2(잠언 10-24장)에 어떤 차이가 있을까 곰곰이 생각하며 살피다가 이전에 미처 몰랐던 흥미로운 사실을 하나 발견했습니다. 챕터 1에는 명령형이 많이 등장합니다. 예를 들면 이런 것들입니다.

"내 아들아 네 아비의 훈계를 들으며 네 어미의 법을 떠나지 말라"(잠 1:8).
"내 아들아 악한 자가 너를 꾈지라도 따르지 말라"(잠 1:10).
"내 아들아 그들과 함께 길에 다니지 말라 네 발을 금하여 그 길을 밟지 말라"(잠 1:15).

어떻습니까? 이런 명령형 구절은 이후에도 계속 이어집니다. "거만한 자를 책망하지 말라"(잠 9:8), "지혜 있는 자를 책망하라"(잠 9:8), "지혜 있는 자에게 교훈을 더하라"(잠 9:9) 등 명령형이 어김없이 등장합니다. 그러니까 여기에서 솔로몬의 교육 방법은 '명령'입니다. 솔로몬은 자녀들에게 무엇을 하고 무엇을 하지 말아야 할지 분명히 명령합니다.

그런데 챕터 2를 여는 10장부터는 미묘하지만 분명한 변화가 감지됩니다. 신기하게도 24장까지 명령형이 거의 없습니다. 더 이상 솔로몬이 '이렇게 해라' '저렇게 하지 말라'고 말하지 않는다는 말입니다. 대신 어떻게 합니까? 그는 자기가 면밀히 관찰한 결과를 자녀들에게 보여 줍니다. 예를 들면 이렇습니다.

"손을 게으르게 놀리는 자는 가난하게 되고 손이 부지런한 자는 부하게 되느니라"(잠 10:4).

어떻습니까? 솔로몬은 이전처럼 '손을 게으르게 놀리지 말라' '부지런하게 살라'라고 말하지 않습니다. 대신 게으르게 산 자와 부지런하게 산 자의 결말을 관찰한 후 그 결과를 보여 줍니다. 다음 말씀을 살펴보십시오.

"미움은 다툼을 일으켜도 사랑은 모든 허물을 가리느니라"(잠 10:12).

역시 그는 '미워하지 말라'고 말하지 않습니다. '사랑하라'고도 말하지 않습니다. 대신 미워하면 다툼이 일어나고, 사랑하면 모든 허물이 가리어진다고 알려 줍니다.

"말이 많으면 허물을 면하기 어려우나 그 입술을 제어하는 자는 지혜가 있느니라"(잠 10:19).

어떻습니까? 솔로몬은 '말 많이 하지 말라'고 명령하지 않습니다. '입술을 제어하라'고도 말하지 않습니다. 그냥 말이 많으면 허물을 면하기 어렵게 된다고, 입술을 제어하는 것이 훨씬 더 지혜롭다고 알려 줍니다.

흥미롭지 않습니까? 분명히 챕터 1과 2의 교육 방식이 다릅니다. 예전에 그는 명령했지만 이제 그는 더 이상 명령하지 않습니다. 대신 설명합니다. 삶을 신중하게 관찰한 뒤에 지혜로운 삶을 산 결과와 미련하게 산 결과를 자녀에게 생생하게 보여 주는 것입니다.

말씀을 묵상하면서 깊은 깨달음이 임했습니다. 그리고 자녀들에게 솔로몬처럼 교훈해야겠다는 생각이 들었습니다. 자녀가 어릴 때에는 '성경 읽어라' '예배 드려라' 같은 명령형으로 교훈해도 충분합니다. 그런데 자녀가 조금 더 성장하면 단순한 명령보다는 관찰에 근거한 설명이 더 적절한 교육 방법입니다. 그냥 '성경 읽어라' '예배 드려라'가 아니라, "내가 성경을 읽는 이의 삶을 관찰해 보니 그들의 삶이 정말 다르더구나" "내가 예배를 잘 드리는 가정을 살펴보니 그들의 인생에 정말 놀라운 복이 있더라" 하는 식으로 말입니다.

물론 챕터 1의 교육 방법이 필요한 때가 있습니다. 그런데 자녀가 성장하면 우리의 교육 방법도 지혜롭게 챕터 2로 넘어가야 합니다. 단순한 명령보다는 삶을 생생하게 보여 주는 교육 방법이 자녀들의 마음속에 훨씬 더 깊고 넓게 들어갈 것이기 때문입니다.

미모가 아니라 지혜입니다

"지혜로운 여인은 자기 집을 세우되 미련한 여인은 자기 손으로 그것을 허느니라"(잠 14:1).

여성으로 살면서 가장 필요한 것은 무엇일까요? 미모일까요? 아닙니다. 성경은 미모가 아니라 '지혜'라고 말합니다. 왜냐하면 지혜로운 자만이 집을 세울 수 있기 때문입니다.

그러고 보니 신기하게도 동서고금을 막론하고 '지혜'라는 이름을 가진 사람은 대부분 여성이었습니다. 우리나라도 '지혜'라는 이름의 여성이 많습니다. 우리나라뿐만이 아닙니다. 프랑스의 배우 소피 마르소의 '소피'는 헬라어로 '지혜'라는 뜻입니다. 이 '소피'에서 파생된 소피아, 소니아, 소냐 모두 여성 이름으로 쓰입니다. 프랑스어로 '현명하다'는 의미인 '에이프리' 역시 여자 이름으로만 쓰입니다.

신기하지 않습니까? 정확한 이유를 따로 연구한 자료가 있는 것은 아니지만, 제 생각에는 그만큼 동서고금을 막론하고 여성에게는 '지혜로움'이 미덕처럼 여겨진 것이 아닌가 싶습니다. 그리고 그것이 저는 매우 성경적이라고 생각합니다. 오늘 말씀이 말하고 있는 그대로 지혜로운 여인이 집을 세울 수 있기 때문입니다.

성경을 보면 지혜로운 여인들은 집을 세웠습니다. 룻, 아비가일, 에스더 등 모두 지혜롭게 행동하여 가문을 세운 사람들입니다. 오늘 말씀이 이 시대를 살아가는 여성들에게 도전과 깨달음을 주기 원합니다. 정말 지혜가 필요한 시대입니다. 하나님께 지혜를 구하여 집안을 잘 세우기 원합니다.

그런데 무엇이 참 지혜입니까? 성경의 목소리는 분명합니다. "여호와를 경외하는 것이 지혜의 근본"입니다(잠 9:10). 참 지혜는 하나님을 경외하는 것입니다. 잊지 맙시다. 하나님을 경외하는 지혜로운 아내, 지혜로운 어머니, 지혜로운 성도가 집을 세웁니다. 가문을 세우고, 하나님의 집인 교회를 세웁니다. 하나님을 경외하는 참 지혜가 가득하기를 간절히 기도합니다.

남편의 지혜와 아내의 지혜

"아내를 얻는 자는 복을 얻고 여호와께 은총을 받는 자니라"(잠 18:22).

진화론자들은 결혼이라는 제도가 청동기 후기에 재산권을 규정하기 위해 시작되었다고 가르칩니다. 그러나 결혼은 그렇게 생긴 제도가 아닙니다. 결혼은 하나님의 아이디어입니다.

"여호와 하나님이 이르시되 사람이 혼자 사는 것이 좋지 아니하니 내가 그를 위하여 돕는 배필을 지으리라 하시니라"(창 2:18).

'돕는 배필'이라는 표현에 거부감을 느낄 필요 없습니다. 여기서 '돕는'이란 더 강한 자가 약한 자를 돕는다는 의미이기 때문입니다. 성령님이 우리의 연약함을 도우시듯 아내가 남편을 돕는 것입니다. 그래서 아내를 얻는 이는 여호와께 복을 받은 자라고 말하는 것입니다. 홀로 남으신 아버지를 보니 정말 그렇습니다. 어머니가 소천하고 난 뒤 돕는 배필이 없어진 아버지의 삶이 참으로 안되어 보였습니다. 그렇다면 무엇이 남편의 지혜입니까? 아내가 아직 옆에 있을 때 그를 하나님이 주신 선물로 알고 감사하는 것입니다. 제일 어리석은 것이 무엇입니까? 자기 아내를 소중하게 여기지 않는 것입니다.

아내들을 향한 당부는 없을까요? 성경을 몇 장만 넘기면 다음과 같은 구절이 나옵니다.

"미련한 아들은 그의 아비의 재앙이요 다투는 아내는 이어 떨어지는 물방울이니라"(잠 19:13).
"다투며 성내는 여인과 함께 사는 것보다 광야에서 사는 것이 나으니라"(잠 21:19).
"다투는 여인과 함께 큰 집에서 사는 것보다 움막에서 혼자 사는 것이 나으니라"(잠 25:24).
"15 다투는 여자는 비 오는 날에 이어 떨어지는 물방울이라 16 그를 제어하기가 바람을 제어하는 것 같고 오른손으로 기름을 움키는 것 같으니라"(잠 27:15-16).

무려 네 번이나 같은 말씀을 합니다. 아내를 얻는 것이 복은 맞지만, 그 여인이 다투고 성내는 사람이면 복이 아니라는 말씀입니다. 따라서 아내의 지혜는 너무 바가지 긁지 않는 것입니다. 다투고 성내지 않는 것입니다.

남편에게는 하나님이 주신 귀한 선물인 아내를 사랑하는 지혜가 생기기를, 그리고 아내에게는 부족하기 짝이 없는 남자들을 하나님이 주신 지혜로 잘 돕는 은혜가 있기를 예수님의 이름으로 축원합니다.

왜 부부의 세계가 혼란의 세계입니까

"18 네 샘으로 복되게 하라 네가 젊어서 취한 아내를 즐거워하라 19 그는 사랑스러운 암사슴 같고 아름다운 암노루 같으니 너는 그의 품을 항상 족하게 여기며 그의 사랑을 항상 연모하라"(잠언 5:18-19).

2020년 방영된 〈부부의 세계〉란 드라마가 큰 인기를 끌었습니다. 직접 드라마를 본 적은 없지만, 정말 많은 사람의 입에 오르내리던 것을 기억합니다. 그런데 슬프게도 이 드라마의 내용은 대부분 부부간의 권태, 외도, 맞바람 같은 것이었습니다. 심지어 불륜을 들킨 남편이 아내를 향해 "사랑에 빠진 게 죄는 아니잖아"라고 외치는 장면도 있었습니다. 이 드라마가 그려 내고자 했던 부부의 세계란 결국 완전히 무너져 내린 혼란스러운 세계가 아닐는지요.

잠언 5장은 드라마와 확연히 상반되는 부부의 세계를 그리고 있습니다. 하나님은 우리가 젊어서 취한 남편과 아내를 계속해서 즐거워하고 사랑하기만 하면, 배우자가 여전히 사랑스러운 암사슴 같고 아름다운 암노루 같을 것이라고 하십니다. 그러니까 서로에게 배타적인 헌신과 사랑을 지속하기만 하면 결혼 생활이 지속될수록 그 익숙한 관계가 권태로 빠지는 것이 아니라(사실 성경 어디에도 권태라는 말은 없습니다) 익숙함 속에서 새로운 기쁨을 발견하게 된다는 것입니다.

어떻습니까? 실상 부부의 세계란 참으로 아름답고 놀라운 세계 아닙니까? 하나님이 원하시는 부부의 세계가 곳곳에서 무너져 내리고 있습니다. 그 가운데서 자녀들은 상처받고, 사회가 온통 혼란에 빠지고 있습니다. 정말 마지막 때입니다. 우리는 깨어서 성경이 요구하는 부부의 세계를 힘써 지켜야겠습니다.

아직도 잘생기고 예쁜 사람 찾습니까

"누가 현숙한 여인을 찾아 얻겠느냐 그의 값은 진주보다 더 하니라"(잠 31:10).

가수 변진섭이 부른 〈희망사항〉이라는 노래는 1989년에 발표된 곡으로, 당시 엄청난 인기를 누렸습니다.

청바지가 잘 어울리는 여자
밥을 많이 먹어도 배 안 나오는 여자
내 얘기가 재미없어도 웃어주는 여자
난 그런 여자가 좋더라
머리에 무스를 바르지 않아도
윤기가 흐르는 여자

내 고요한 눈빛을 보면서
시력을 맞추는 여자
김치 볶음밥을 잘 만드는 여자
웃을 때 목젖이 보이는 여자
내가 돈이 없을 때에도
마음 편하게 만날 수 있는 여자

이 노래가 그렇게나 인기를 누린 비결이 무엇일까요? 가사가 그 시대 남성들에게 큰 공감을 불러일으켰기 때문일 것입니다. 그런데 이 노래가 오늘날 발표된다면 어떨까요? 아마도 그 시대만큼 절대적인 인기와 지지를 얻지는 못할 것입니다. 세상이 많이 변했고, 가치관도 많이 달라졌기 때문입니다. 대중은 남녀 차별적이고 가부장적인 가사라며 시대착오적인 노래가 나왔다고 비판할 것입니다.

우리 결혼 생활의 성패를 결정하는 것은 사실 배우자의 청바지 핏이 아닙니다. 무스를 바르느냐 마느냐도 아닙니다. 요리를 잘하고 못하고도 아닙니다. 껌을 씹을 때 소리가 나든 나지 않든 전혀 상관없습니다. 결혼 생활을 해보신 분들은 다 압니다. 결혼 생활의 성패를 결정하는 것은 다름 아닌 배우자의 '성품'이라는 것을 말입니다.

그런 면에서 잠언 31장이 말하고 있는 이상적인 배우자의 첫 번째 조건이 '현숙한 여인'이라는 점이 놀랍습니다. 그런데 현숙한 여인이 누구입니까? 영어 성경(NIV)은 "A wife of noble character"라고 번역했습니다. 직역하면 '고귀한 성품'을 가진 여인입니다. 사실 성경은 '여인' '아내'라고 표현했지만, 여성에게만 국한된 대목은 아닙니다. 남성도 마찬가지입니다. 성별을 떠나 우리에게 최고의 배우자상은 성품이 좋은 사람입니다. 그리스도를 닮은 고귀한 인격의 소유자를 만나는 것보다 더 큰 복은 없습니다. 성경 표현대로 진주보다 더 값질 것이기 때문입니다.

'돈이 최고'라는 물질 만능주의, '예쁘면 다 된다' '잘생기기만 하면 된다'는 식의 외모 지상주의가 판을 치는 이 시대에, 그런 것들이 아니라 '고귀한 성품이 최고'라고 말하는 잠언판 〈희망사항〉이 사람들 귀에 새롭게 들리면 좋겠습니다.

주님도 현숙한 교회를 찾으십니다

"¹⁰ 누가 현숙한 여인을 찾아 얻겠느냐 그의 값은 진주보다 더 하니라… ²⁹ 덕
행 있는 여자가 많으나 그대는 모든 여자보다 뛰어나다 하느니라"(잠 31:10, 29).

대한민국에서 기독교 비난은 이미 하나의 유행이 된 듯합니
다. 아니, 유행을 넘어 하나의 문화로 정착한 것이 아닌가 싶기
도 합니다. 드라마나 영화에서 부정적으로 그려지는 것은 물론
이고, 언론 매체를 통해 교회나 목사를 의도적으로 깎아내리는
것 같다는 생각도 여러 번 했습니다. 때로는 야속하기도 합니
다. 그런데 언제나 그렇듯 위기는 기회입니다. 밤이 깊을수록
별이 더 빛나듯 이제 진짜 교회, 진짜 성도만 더 빛나고 인정받
는 시대가 되었기 때문입니다.

그래서일까요? 어느 날 잠언 31장을 읽는데 현숙한 '여인'
이 자꾸 '교회'로 읽어졌습니다. "누가 현숙한 '교회'를 찾아 얻
겠느냐 그의 값은 진주보다 더하니라"고 말입니다. 묵상할수록
은혜가 되었습니다. 특히 28-29절 말씀에 '교회'를 넣어 읽을

때 뭉클한 감동이 있습니다.

　"'주님'은 칭찬하기를 덕행 있는 '교회'가 많으나 그대는 모든 '교회'보다 뛰어나다 하느니라."

　이 시대는 지금 그 어느 때보다도 성숙한 교회, 교회다운 교회를 목마르게 찾고 있습니다. 신랑 되시는 예수님도 칭찬하실 현숙한 교회를 찾고 계십니다. 이 땅의 많은 교회가 주님이 칭찬하시고, 세상 사람도 인정하는 '고상한 성품'을 가진 성도님들로 가득한 교회 되기를 간절히 소원합니다.

엄마 밥이 최고입니다

"내 아들아 지식의 말씀에서 떠나게 하는 교훈을 듣지 말지니라"(잠 19:27).

바야흐로 설교의 홍수 시대입니다. 유튜브만 찾아 봐도 수백만 개의 설교가 흘러 다닙니다. 그중에는 우리 영혼에 유익하고 좋은 말씀들이 많습니다. 그러나 동시에 오늘 본문의 경고대로 지식의 말씀에서 떠나게 하는 교훈들, 즉 우리를 혼란스럽게 하고, 헷갈리게 만드는 교훈들 역시 적지 않습니다.

예수님은 마가복음 4장 24절에서 "너희가 무엇을 듣는가 스스로 삼가라"고 경고하셨습니다. 아무 음식이나 먹으면 안 되듯이, 설교 역시 아무 것이나 들으면 안 됩니다. 그런데 문제는 무슨 수로 인터넷상에 돌아다니는 수많은 설교를 다 검증하겠습니까?

제가 제일 안전한 길을 알려 드리겠습니다. 그것은 바로 본인이 출석하는 교회 목사님의 설교를 통해 신앙생활을 하는 것입니다. 시시합니까? 그런데 그게 가장 안전한 길입니다. 옛

날 우리 믿음의 선조들은 모두 자기가 출석하는 교회의 목사님 설교만 듣고도 신앙생활을 너무나 훌륭하게 잘하셨습니다. 그런데 오늘날 우리는 어떻습니까? 유명하다는 목사님들의 설교는 다 섭렵하지만, 정말 신앙생활을 잘하고 있습니까? 혹시 소화도 못하면서 너무 많이 먹은 데다가, 말씀대로 순종하지도 못해서 영적인 비만이 되고 있지는 않은지요?

자식에게는 어머니가 해주시는 밥이 제일 좋듯, 성도님들에게는 자기 교회 목사님이 준비한 말씀이 제일 좋은 양식임을 알아야 합니다. 물론 어머니가 해주시는 밥이 객관적으로 제일 맛있지는 않을 수 있습니다. 그러나 어머니가 해주신 밥이 자녀들 몸에 가장 좋다는 것을 아셔야 합니다.

어떤 분들은 이렇게 물어볼 수 있습니다. "우리 교회는 은혜가 메말랐습니다. 너무 허기져서 다른 교회 말씀이라도 들으며 영적 허기를 채우는 것입니다." 저도 그분들의 상황이 무엇인지 알고 있습니다. 그런 상황에 계신 분들이 설교를 찾아 듣는 것을 비난하고 싶은 마음은 전혀 없습니다. 그렇게라도 먹고 살아야 하지 않겠습니까?

그런데 한 가지는 묻고 싶습니다. 그렇게 은혜가 메말라서 죽을 지경인데, 왜 그 교회에 계속 출석하는 것입니까? 다른 교회 목사님들의 설교를 통해서 근근이 살아간다면 굳이 현재 교회에 남아 있는 이유는 무엇입니까?

비전은 보여 주시는 것입니다

"묵시가 없으면 백성이 방자히 행하거니와 율법을 지키는 자는 복이 있느니
라"(잠 29:18).

오늘 본문의 앞부분을 영어 성경(KJV)은 이렇게 번역합니다.

"Where there is no vision, the people perish"

직역하면, '비전이 없으면 백성들은 망하게 된다'는 뜻입니
다. 이것을 개역개정 성경은 '방자히 행한다'고 했습니다. 어디
방자하기만 하겠습니까? 비전이 없으면 방자한 삶을 넘어 방황
하는 삶을 살게 되어 있습니다. 그래서 헬렌 켈러(Helen Keller)는
"시력은 있지만 비전은 없는 사람이 불행한 사람이다"라고 말
했습니다. 정말로 비전이 중요합니다. 교회도, 사업체도, 인생
도 사실 비전이 있어야만 합니다. 비전이 있어야 성장하고, 활
기차며, 삶이 정돈되기 때문입니다.

그런데 한 가지 짚고 넘어가야 할 점이 있습니다. 성경에 등
장하는 모든 비전은 철저히 '수동적'이라는 사실입니다. 우리

가 요셉을 '꿈의 사람' 혹은 '비전의 사람'이라고 부르지만 사실 그가 꿈을 꾸고 싶어서 꾼 것이 아닙니다. 어느 날 자기도 모르게 꿈을 꾼 것입니다. 다니엘도 보십시오. 그가 미래에 대한 환상을 보고 싶었던 것이 아닙니다. 어느 날 그에게 '보인' 것입니다. 높이 들린 보좌에 주께서 앉으신 비전을 본 이사야도, 마른 뼈가 군대로 바뀌고 성전에서 흘러나온 물이 가득해지는 환상을 본 에스겔도 다 마찬가지입니다. 본인들이 보고 싶어서 본 것이 아니라, 하나님이 보여 주신 것을 본 것뿐입니다.

그렇다면 야망은 어떻습니까? 야망은 '내 안에서' 시작된 욕망입니다. 따라서 비전과 야망은 완전히 다릅니다. 비전은 '위에서' 시작되어 내게 '보여진' 하나님의 꿈이기 때문입니다. 이런 면에서 사도 바울이 아그립바왕 앞에서 한 말이 참 의미심장합니다. 그는 이렇게 말합니다.

"아그립바왕이여 그러므로 하늘에서 보이신 것을 내가 거스르지 아니하고"(행 26:19).

비전은 하늘로부터 보인 것입니다. 더 정확하게 말하면 하나님이 보여 주신 것입니다. 따라서 우리는 사도 바울이 말한 그대로 비전을 '거스르지' 않아야 합니다. 순종 없는 비전이 사실 무슨 의미가 있겠습니까? 하나님이 교회에 보여 주신 하나의 비전을 거스르지 않고 순종할 때, 하나님이 그 교회를 주목하시고, 복 주시며, 번창하게 하실 줄 믿습니다.

떠나야 할 때를 알고 떠납시다

"무리에게서 스스로 갈라지는 자는 자기 소욕을 따르는 자라 온갖 참 지혜를 배척하느니라"(잠 18:1).

신앙생활을 하다 보면 때때로 '누가 공동체를 떠난다더라' 하는 이야기를 듣곤 합니다. 그런데 보통 한 명만이 아니라 몇 명이 무리지어 나옵니다. 그들은 온갖 명분을 내세웁니다. '이 공동체에는 이런 것들이 문제라서 나왔습니다'라고 말입니다.

그런데 성경은 공동체에서 '스스로' 갈라져 나오는 것이 얼마나 위험한 선택인지를 강한 어조로 경고합니다. 그 배후에 자기 소욕, 자기 고집, 자기 욕망, 자기 생각, 혹은 자기 기분이 도사리고 있기 때문입니다. 게다가 온갖 참 지혜를 배척하는 행동이라고까지 말합니다

그러면 어떻게 해야 합니까? 속한 공동체에 언제까지나 머물러 있어야만 합니까? 그것은 아닙니다. '자기 소욕에 이끌려 스스로'가 아니라 '말씀에 근거해서' 그리고 '하나님의 분명한 인도'가 있다면 당연히 떠나야 합니다.

"형제들아 내가 너희를 권하노니 너희가 배운 교훈을 거슬러 분쟁을 일으키거나 거치게 하는 자들을 살피고 그들에게서 떠나라"(롬 16:17).

성경의 목소리는 분명합니다. 내가 속한 공동체가 진리의 교훈을 거스르는 결정을 내린다면 그때는 분명히 떠나야 한다고 말씀합니다. 이런 면에서 저는 성경의 가르침을 거슬러 동성애가 죄가 아니라고 선언한 교단과 교회로부터 떠나는 것이 성경적이라고 생각합니다. 분명히 성경에 어긋난 결정을 내리는데도 왜 그곳에 머물러 있습니까?

그러나 그런 경우가 아니라면 성경의 경고에 귀를 기울여야 합니다. 절대로 자기 소욕과 순간적인 기분에 이끌려 쉽게 공동체를 떠나지 마십시오. 하나님의 분명한 인도하심이 있을 때 축복받고 떠나십시오. 그래야만 합니다. 내가 섬기던 공동체를 너무나 쉽게 떠나, 몇 년에 한 번씩 새로운 교회를 찾아 헤매는 생활을 청산하기를 소원합니다.

하나님의 말씀이 내 입술에 있기를

"하나님의 말씀이 왕의 입술에 있은즉 재판할 때에 그의 입이 그르치지 아니하리라"(잠 16:10).

본문은 얼핏 보면 왕을 위한 은혜 같지만, 사실 조금만 더 생각해 보면, 백성을 위한 은혜입니다. 왜냐하면 왕이 재판을 그르치면 손해 보는 쪽은 당사자인 백성이기 때문입니다.

이 말씀을 잠잠히 묵상하다가 '왕' 대신에 '목회자'를 넣어 읽어 보았습니다. "하나님의 말씀이 '목회자'의 입술에 있은즉 그가 '설교'할 때에, '심방'할 때에, '상담'할 때에 그의 입이 그르치지 아니하리라." 아멘입니다.

정말 목회자가 이런 은혜를 경험하고 산다면 얼마나 좋을까요. 저 역시 이러한 은혜를 간절한 마음으로 하나님께 담대히 구합니다. 왜냐하면 이것은 목회자인 저 자신을 위한 것이라기보다는 교회 공동체를 위해 필요한 은혜이기 때문입니다.

부모에게도 꼭 필요한 은혜인 것 같습니다. 하나님의 말씀이 부모의 입술에 있어야 자녀들을 교육할 때 그르치지 않을 수 있기 때문입니다. 부모뿐이겠습니까? 사실 우리 모두에게 필요한 은혜입니다. 하나님의 말씀이 우리 입술에 있어야 누구를 만나도, 어떠한 일을 해도 그르치지 않을 수 있기 때문입니다. 그동안 말실수로 그르친 일이 많았던 사람이라면 정말 더 간절한 마음으로 구해야 할 은혜입니다.

오늘도 우리는 많은 사람을 만나고, 또 수많은 말을 할 것입니다. 오늘 하루 우리 입술에서 나가는 말이 하나님이 넣어 주신 말씀이 되기를 간절히 소원합니다.

말씀에 주의하면 좋은 것을 얻습니다

"삼가 말씀에 주의하는 자는 좋은 것을 얻나니 여호와를 의지하는 자는 복이 있느니라"(잠 16:20).

말씀에 주의하는 자는 좋은 것을 얻는다고 했습니다. 그런데 구체적으로 말씀이 무엇입니까? 다음과 같은 세 가지를 하나님의 말씀이라고 이야기합니다.

첫째, 성경입니다. 정확히 말해 성경은 하나님의 감동에 의해 '기록된' 하나님 말씀입니다. 정말로 하나님의 말씀인 성경을 주의 깊게 읽으면, 다시 말해 묵상하면, 우리는 좋은 것을 얻게 됩니다. 하나님의 음성을 듣게 됩니다.

둘째, 설교입니다. 설교란 '해석된' 혹은 '선포된' 하나님의 말씀이라고 합니다. 매우 중요한 표현입니다. 설교는 다른 것이 아니라 기록된 하나님의 말씀을 해석하고 선포하는 행위입니다. 성경을 보면 학사 에스라가 백성들에게 하나님의 말씀을 읽고 해석해 줌으로 깨닫게 해주었다는 말씀이 나옵니다. 예수님도 엠마오 마을로 가는 제자들에게 기록된 말씀을 풀어 주실 때에 그들의 마음이 뜨거워졌습니다. 또 사도 바울도 로마에 머물면서 2년 동안 성경을 강론할 때에 사람들이 믿게 되었습니다.

이것이 설교입니다. 설교자의 생각을 이야기하는 것이 아니라 기록된 말씀을 해석해 주고, 깨닫게 해주고, 풀어 주는 것입니다. 이렇게 설교가 하나님의 말씀인 성경을 해석하고 선포하는 행위인 이상, 분명 그것은 하나님의 말씀입니다. 우리가 매주 설교 시간에 '하나님 말씀을 듣겠습니다'라고 말하는 이유가 여기에 있습니다. 매주 선포되는 설교 말씀에 주의를 기울여 보시기 바랍니다. 좋은 것을 얻게 되어 있습니다. 우리를 향하신 하나님의 뜻을 알 수 있습니다.

셋째, 예수님입니다. 왜냐하면 그분은 태초부터 하나님과 함께하신 말씀 그 자체이시며, '말씀이 육신이 되신 분'이기 때문입니다. 그래서 신학적으로는 그분을 성육신하신 말씀이라고 합니다. 예수님 자체가 말씀이시라는 말은 우리에게 놀라운 사실을 알려 줍니다. 그분이 말씀이기 때문에 우리가 예수님을 생각하기만 해도 좋은 것을 얻을 수 있다는 말이기 때문입니다.

우리 모두 기록된 말씀, 선포된 말씀 그리고 성육신하신 말씀에 주의하는 자들이 되기를 원합니다. 오늘 말씀대로, 하나님의 말씀에 주의하는 자는 좋은 것을 얻게 될 줄로 믿습니다.

어떤 마음으로 헌금합니까

"9 네 재물과 네 소산물의 처음 익은 열매로 여호와를 공경하라 10 그리하면 네 창고가 가득히 차고 네 포도즙 틀에 새 포도즙이 넘치리라"(잠 3:9-10).

'첫 월급'만큼 인생에서 뜻깊은 돈도 없을 것입니다. 긴 기다림의 시간 끝에 드디어 들어간 직장에서 받은 첫 월급이 얼마나 소중하겠습니까? 특별히 처음 월급을 받고 나면 쓸 곳이 얼마나 많습니까? 그동안 은혜를 베풀어 준 여러 사람에게 선물도 해야 하고, 어려운 시기에 빌렸던 돈이 있으면 그것부터 갚아야 합니다.

그런데 그 소중한 첫 월급을 '첫 열매 헌금'으로 하나님께 드리는 이들이 있습니다. 아마 잠언 3장 말씀 때문일 것이라 생각합니다. 저도 어릴 적에 부모님으로부터 '첫 열매를 하나님께 드려야 한다'고 교육받았습니다. 그래서 처음으로 아르바이트를 해서 월급을 받았을 때, 군대에서 첫 월급을 받았을 때, 또 교육 전도사로 첫 사례비를 받았을 때와 담임목사로 첫 사례비를 받았을 때 첫 열매 헌금을 드렸습니다.

경제적으로 여유가 있어서 드린 것이 아니었습니다. 정말 단 한 번도 한 달 치 월급을 통째로 헌금해도 괜찮을 정도로 삶에 여유가 있었던 적은 없습니다. 그런데 그 헌금을 드려서 제 삶이 곤궁했던 적 역시 한 번도 없습니다. 잠언 말씀 그대로 제 인생 포도주 틀에는 새 포도주가 언제나 넘쳤습니다!

오늘날 첫 월급을 드리는 마음 그대로, 옛날 농부는 첫 열매를 하나님께 드렸습니다. 오늘날보다 더 여유가 없던 그 시절, 이스라엘의 농부는 그 첫 열매로 여호와를 공경했습니다. 처음 익은 것, 제일 좋은 것, 그 귀한 열매를 아까워하지 않고 하나님께 올려 드린 농부들. 혹시 인터뷰할 수 있다면 물어보고 싶습니다. "그래서 삶이 어려운 적이 있었습니까?"

첫 열매를 하나님께 드린 그 누구도 그것 때문에 삶이 곤궁하지 않았다고 답할 것입니다. 오히려 그들은 하나님이 자기 삶을 풍성하게 채워 주셨다고 분명히 고백할 것입니다.

이런 이야기가 있습니다. 한 농부가 목사에게 자기 소가 뜻밖에 쌍둥이 송아지를 낳았다면서, 나중에 잘 키워 팔아서 한 마리 값은 교회에 헌금하겠다고 말했습니다. 그런데 몇 주 후에 이렇게 알려 왔습니다. "목사님, 송아지 중 한 마리가 죽어 버렸습니다. 아쉽게도 주님께 드리려고 했던 송아지가 죽었습니다." 어떻습니까? 이 농부의 마음과 첫 열매를 드리는 농부의 마음이 얼마나 다른지 알겠습니까? 내 마음은 두 농부 중 어디와 더 가깝습니까?

우리가 준비해야 할 선물

"사람의 선물은 그의 길을 넓게 하며 또 존귀한 자 앞으로 그를 인도하느니라"(잠 18:16).

성경을 보면 선물 이야기가 많이 나옵니다. 예를 들어 야곱은 형 에서의 마음을 풀기 위해 계속해서 선물을 보냅니다. 나발의 아내였던 아비가일 역시 다윗의 노여운 마음을 풀기 위해 선물을 보냅니다. 시바 여왕 역시 솔로몬을 만날 때 많은 선물을 준비해 옵니다. 그 모든 선물이 껄끄럽고 낯선 만남을 부드럽게 하고, 또 불편한 마음을 진정시키는 데 도움이 되었을 것입니다. 오늘 말씀 그대로 선물은 사람의 길을 넓게 해주기 때문입니다.

그런데 흥미로운 점은 사람들에게만이 아니라 하나님께 드린 선물 이야기도 성경에 나온다는 것입니다. 메시아이신 예수님께 황금과 유향과 몰약을 선물로 드린 동방박사 이야기를 우리는 잘 알고 있습니다. 그런데 더 놀라운 것은 예수님 발

앞에 귀한 옥합을 깨뜨린 한 여인 이야기입니다. 가룟 유다는 그날 그 여인을 향해 눈살을 찌푸렸습니다. 왜 아까운 것을 낭비하느냐고, 차라리 300데나리온에 그 향유를 팔아 가난한 자들을 돕는 게 더 좋았겠다고 합니다. 그런데 놀랍게도 예수님은 가룟 유다 편을 들지 않으십니다. 오히려 그 여인을 칭찬하십니다. 귀한 것을 조금도 아까워하지 않고 예수님께 선물로 드리는 마음을 칭찬하셨습니다.

말씀을 묵상하면서 오늘날 교회의 헌금과 재정의 흐름을 생각해 봅니다. 우리는 헌신자들, 새신자들을 위해 선물을 준비하느라 마음이 분주합니다. 불우한 이웃을 돕는 데 따뜻한 마음을 쓰기도 합니다. 다 잘하는 일입니다. 그런데 정말 우리가 준비해야 할 선물은 누구를 향하고 있어야 하는지 생각해 보면 좋겠습니다. 바로 교회의 주인, 우리 인생의 주인이신 예수님입니다.

혹시 이웃을 돕는 일에는 신경을 쓰고 또 그런 일을 하는 데는 박수를 치면서, 정작 예배당에 나와 예배드리는 일, 헌금을 하는 일에는 눈살이 찌푸려집니까? 내가 드린 헌금이 내 기준에 맞게 사용되지 않은 것 같으면 아깝습니까? 가룟 유다의 마음과 무엇이 다른지 생각해 보면 좋겠습니다. 교회의 주인은 예수님입니다. 우리가 준비해야 할 선물은 예수님께 드려질 것이어야 합니다.

나의 마음을 드립니다

"내 아들아 네 마음을 내게 주며 네 눈으로 내 길을 즐거워할지어다"(잠 23:26).

아르헨티나 단기 선교 중에 만난 한 선교사님이 나누어 주신 이야기가 귓가에 계속 맴돕니다.

선교사님은 아르헨티나에 부흥을 달라고, 많은 영혼을 교회에 보내 달라고 오랜 시간 기도했다고 합니다. 그런데 가시적인 열매가 없어 많이 낙심했습니다. 하루는 하나님께 항의했습니다.

"도대체 얼마나 더 기도해야 양 떼를 보내 주시겠습니까?"

그 순간 선교사님의 마음을 울리는 하나님의 두 음성이 있었다고 합니다.

"너는 양 떼로 가득한 교회를 원하지만, 나는 나로 가득한 너를 원한다. 너는 사역을 사랑하지, 나를 사랑하지 않는다."

그 이야기를 들을 때 제 마음에도 큰 울림과 떨림이 있었습니다. 하나님이 내게도 같은 말씀을 하신다면 어떡하나 하는 생각에 두려웠습니다. 정말 내 마음은 무엇을 원하는지 돌아보게 되었습니다.

하나님은 우리 마음을 원하십니다. 헌신과 봉사가 아니라, 우리 마음을 받기 원하신다는 말입니다. 사실 사도신경에 등장하는 '믿습니다'라는 단어는 라틴어로 '크레도'인데 원래 이 말은 '내 마음을, 내 심장을 드립니다'라는 뜻입니다. 그러니까 원래 믿는다는 것은 우리 마음을 드리는 것과 같은 것이었습니다. 믿고 사랑하는 주님께 우리 마음을 드리기를 원합니다.

주님과 함께하는 이 고요한 시간　　온 맘 다해 사랑합니다
주님의 보좌 앞에 내 마음을 쏟네　　온 맘 다해 주 알기 원하네
모든 것 아시는 주님께 감출 것 없네　　내 모든 삶 당신 것이니
내 맘과 정성 다해 주 바라나이다　　주만 섬기리 온 맘 다해
- <온 맘 다해>

선교사님의 이야기를 듣고 저는 하나님께 이렇게 기도드렸습니다.

"양 떼로 가득한 교회가 아니라, 주님으로 가득한 제가 되기를 원합니다. 사역을 사랑하는 목사가 아니라, 주님을 사랑하는 제자 되기 원합니다."

동일한 고백이 우리 모두에게 있기를 바랍니다.

소가 있어서 감사합니다

"소가 없으면 구유는 깨끗하려니와 소의 힘으로 얻는 것이 많으니라"(잠 14:4).

소가 없는 외양간은 청소할 필요도 없이 깨끗할 것입니다. 그러나 소를 통해 얻을 수 있는 많은 유익은 하나도 얻지 못합니다. 반대로 소가 있으면 외양간이 더러워지니, 청소해야 하는 수고가 필요합니다. 그러나 소를 통해 얻게 되는 유익은 엄청납니다. 그러니 외양간을 청소하는 수고는 마땅히 감수해야 할 고생일 것입니다.

이 짧은 구절이 우리 삶에 다양하게 적용됩니다. 학생이 비록 공부하기가 귀찮고 힘들어도 공부함으로 인생에서 얻는 유익이 많습니다. 자녀를 키우는 일이 고되고 어려워도 부모라면 자녀가 주는 기쁨과 위로가 얼마나 클지를 생각해 보아야 합니다. 새벽기도는 어떻습니까. 새벽에 일어나 기도하러 나오는 것은 참으로 어려운 일입니다. 그러나 새벽기도의 유익이 얼마나 큰지는 새벽 제단을 쌓아 본 사람만 압니다.

교회를 시무하다 보면 해야 할 일이 많습니다. 성도들을 위해 다양한 행사를 준비해 진행해야 하고, 때로는 성전 건축과 같은 대형 프로젝트들을 감당해야 합니다. 목회자의 입장에서 이 말씀은 또 이렇게도 읽힙니다. 많은 행사와 프로젝트들을 진행하다 보면 스트레스를 받을 때도 있고 몸도 고단해지지만, 그 일들을 통해 얻게 될 유익이 많다고 말입니다.

세상 모든 일이 그렇습니다. 감수해야 할 고생과 수고가 반드시 있습니다. 그러나 수고와 고생은 얻게 될 유익에 비하면 아무것도 아닙니다. 저는 소가 없어서 깨끗한 외양간보다는 청소할 것 많아도 소들로 북적북적한 외양간이 더 좋습니다. 외양간을 청소해야 하는 수고보다도 소들로 인해 얻게 될 유익이 비교할 수 없게 많기 때문입니다.

제 인생에 허락하신 소가 많아서 감사합니다. 그 소를 키우는 데 필요한 수고와 고생은 기쁨으로 감당하려고 합니다. 우리 모두의 인생에도 동일한 기쁨이 있기를 소원합니다.

낯선 목자는 되지 말아야겠습니다

"네 양 떼의 형편을 부지런히 살피며 네 소떼에게 마음을 두라"(잠 27:23).

E.M. 바운즈(E.M. Bounds)는 《순수 영성》이라는 책에서 양들은 평생 세 종류의 목자를 만나게 된다고 말했습니다. 그 세 종류의 목자란 삯꾼, 낯선 목자, 선한 목자입니다. 삯꾼과 선한 목자는 많이 들어 봤는데 낯선 목자라는 개념이 생경합니다.

낯선 목자란 한마디로 양을 잘 모르는 목자입니다. 그들은 목축에 능숙하지만, 양들에게 개인적인 관심이 없습니다. 낯선 목자는 양들을 가까이하지 않습니다. 왜냐하면 그의 마음이 양 떼보다는 자기 경력 관리에 있기 때문입니다. 양들을 만나기는 합니다. 그러나 앞서가는 숫양과 암양 몇 마리는 알지만 전체는 잘 모릅니다. 양들의 이름도 모르고, 소망도 모르고, 슬픔도 모릅니다. 양들을 정확히 알지 못하기 때문에 항상 피상적으로 대합니다. 사랑과 경고의 음성을 절대로 발하지 않습니다. 양들을 향한 마음이 없기 때문입니다. 그런데 마음이 없다는 것은 사실 모든 것이 없다는 뜻입니다. 결정적으로 낯선 목자는 양들을 먹이기는 하지만, 살찌우지는 못합니다. 양들이 죽지는 않겠지만, 그렇다고 양들이 행복해하지도 않습니다. E.M. 바운즈는 낯선 목자를 소개한 뒤에 이렇게 말합니다. "양들은 낯선 목자를 따르지 않는다. 낯선 음성을 듣고는 멀리 달아난다."

교회의 규모가 커지고 성도 수가 많아졌을 때 담임목사로서 조심해야 할 것은 낯선 목자가 되는 것입니다. 즉 성도 한 사람 한 사람을 개인적으로 알지 못하는 사람이 될 가능성이 높아진 것입니다. 저 역시 교회를 담임하면서 성도가 늘어날수록 감사하지만, 한편으로는 두렵습니다. 낯선 목자가 되지 않도록 부지런히 양 떼의 형편을 살피고 소 떼에 마음을 두겠습니다.

흔들어 깨워 주는 목소리가 되기를

"9 게으른 자여 네가 어느 때까지 누워 있겠느냐 네가 어느 때에 잠이 깨어 일어나겠느냐 10 좀 더 자자, 좀더 졸자, 손을 모으고 좀더 누워 있자 하면 11 네 빈궁이 강도같이 오며 네 곤핍이 군사같이 이르리라"(잠 6:9-11).

이 말씀은 게으름의 위험성을 경고하고 있습니다. 그런데 말씀을 가만히 묵상해 보니 지금 누워서 게으름을 피우고 있는 이 사람은 곧 자리를 박차고 일어날 것 같습니다. 왜냐하면 이 게으른 자를 안타깝게 여기며 흔들어 깨우는 존재가 바로 옆에 있기 때문입니다.

친구는 게으른 자를 흔들어 깨우며 말합니다. "언제까지 누워 있을래?" 그는 더 절박한 목소리로 말합니다. "지금 일어나야 해. 안 그러면 너는 머지않아 빈궁하고 곤핍해질 거야."

본인의 의지는 설령 부족하다 할지라도, 이렇게 바로 옆에서 내 몸을 흔들어 깨우는 친구가 있는데 제아무리 게으른 자라도 결국은 일어날 수밖에 없지 않겠습니까?

말씀을 묵상하면서 영적인 게으름을 생각해 봅니다. 우리는 너무 쉽게 영적인 게으름에 빠집니다. 조금만 방심하면 어느새 영적인 깊은 잠에 빠집니다. 그런 우리에게 절실하게 필요한 것은 서로의 영적 상태를 점검하고 흔들어 깨워 줄 수 있는 영적 동반자가 아닐까요? 내가 영적으로 나태해질 때마다 "그렇게 살면 영적인 빈궁이 임하게 된다. 깨어 일어나 기도하자. 하나님 앞에 나아가자"고 말해 주는 영적인 동반자 말입니다.

문득 어머니가 그리워집니다. 어머니는 영적으로 무뎌진 아들을 볼 때마다 "그렇게 살면 안 된다. 너는 하늘에 속한 존재인데, 깨어 기도해야 한다"고 말씀해 주시곤 했습니다. 이제 어머니는 세상에 계시지 않습니다. 그런데 어머니가 남겨 주신 그 말씀은 여전히 귀에 생생합니다. 그리고 이제는 제가 누군가를 그렇게 흔들어 깨우는 목소리가 되어야겠다고 다짐합니다.

주변을 둘러보면 영적으로 깊은 잠을 자고 있는 이들이 너무나 많습니다. 내버려 두면 영적인 궁핍함에 시달리게 될 것입니다. 그러나 우리가 해야 할 일이 있습니다. 포기하지 않고 흔들어 깨우는 것입니다. 부모가 자식을, 남편이 아내를, 그리고 아내가 남편을 흔들어 깨우는 은혜가 있기를 기도합니다. 물론, 누군가를 깨우기 위해서는 내가 먼저 깨어 있어야 하겠지요. 더불어 깨어 있기를 소망합니다.

진리의 길로 안내하는 등불

"13 이 무리는 정직한 길을 떠나 어두운 길로 행하며 14 행악하기를 기뻐하며 악인의 패역을 즐거워하나니 15 그 길은 구부러지고 그 행위는 패역하니라 16 지혜가 또 너를 음녀에게서, 말로 호리는 이방 계집에게서 구원하리니 17 그는 젊은 시절의 짝을 버리며 그의 하나님의 언약을 잊어버린 자라 18 그의 집은 사망으로, 그의 길은 스올로 기울어졌나니 19 누구든지 그에게로 가는 자는 돌아오지 못하며 또 생명 길을 얻지 못하느니라 20 지혜가 너를 선한 자의 길로 행하게 하며 또 의인의 길을 지키게 하리니"(잠 2:13-20).

오늘 본문에는 여러 길이 등장합니다. 저는 길에 관심이 많습니다. 어떤 길을 걸어가느냐가 우리 인생을 좌우하기 때문입니다.

본문에 등장하는 많은 길 중 우리가 가지 말아야 할 길이 먼저 보입니다. 그 길은 '어두운 길' '구부러진 길' '사망과 스올로 기울어진 길' '돌아오지 못하는 길'입니다. 반면, 우리가 걸어가야 하는 길도 보입니다. 그 길은 '정직한 길' '생명 길' '선한 자의 길' '의인의 길'입니다.

사실 저는 본문을 읽으면서 마음이 슬펐습니다. 왜냐하면 "이 무리는 정직한 길을 떠나 어두운 길로 행하며"라고 되어 있기 때문입니다. 잠언의 저자가 바라보고 있는 무리가 한때는 정직한 길, 진리의 길을 걸었다는 말입니다. 그런데 그들이 그 길을 떠나 어두운 사망의 길을 향해 걷고 있습니다. 슬픈 일입니다.

　　머리를 스쳐 지나가는 사람들이 여럿 있었습니다. 한때 예수 잘 믿던, 순수하게 말씀을 사랑했던, 그러니까 '그리스도인의 길'을 걸었던 사람들입니다. 그러나 이제는 그 길을 떠나 세상의 길로 걸어가고 있는 사람들이 있습니다. 그들을 위해 기도해야겠다는 생각이 들었습니다.

　　혹시 지금 생각나는 사람이 있습니까? 분명 친구나 가족 중에 진리의 길을 떠나 사망의 길을 가는 이들이 있을 것입니다. 그들을 위해 함께 기도합시다. 우리의 기도가 등불이 되어 어둠을 헤매는 사람들이 다시 밝은 진리의 길, 예수 그리스도에게 이르는 길로 돌아오기를 간절히 소원합니다.

예수님을 전하고 있습니까

"11 너는 사망으로 끌려가는 자를 건져 주며 살륙을 당하게 된 자를 구원하지 아니하려고 하지 말라 12 네가 말하기를 나는 그것을 알지 못하였노라 할지라도 마음을 저울질 하시는 이가 어찌 통찰하지 못하시겠으며 네 영혼을 지키시는 이가 어찌 알지 못하시겠느냐 그가 각 사람의 행위대로 보응하시리라" (잠 24:11-12).

어느 날, '사망으로 끌려가는 자를 건져 주라'는 본문 말씀이 윌리엄 윌버포스(William Wilberforce)를 사로잡았습니다. 그는 18세기부터 19세기 중엽에 활동한 영국의 정치가였는데, 바로 이 말씀 때문에 영국에서 노예무역과 노예제가 폐지됩니다.

한 세기쯤 뒤에, 동일한 말씀이 독일인 사업가 오스카 쉰들러(Oskar Schindler)와 일본 외교관 스기하라 지우네(杉原 千畝)의 마음을 감동시켰습니다. 역시 이 말씀 덕분에 히틀러 치하에서 사망으로 끌려가던 수많은 유대인의 생명이 살아났습니다.

오늘 우리가 이 말씀을 만났습니다. 이 말씀이 우리 마음도 감동시키기를 원합니다. 우리도 말씀에 붙잡혀서 오늘부터 사망으로 끌려가는 자를 건져 주는 데 쓰임 받기 원합니다. 오늘날은 노예제도, 죽음의 위협을 받는 유대인도 없어 어떻게 적용해야 할지 모르겠습니까? 천만의 말씀입니다. 주변을 보십시오. 온 천지에 죄의 노예로 살아가는 사람들투성이입니다. 영적인 깊은 사망의 길로 끌려가는 사람들로 가득합니다. 그들을 구해내야 합니다. 생명의 주인이신 예수님을 전해야 합니다.

우리는 예수님을 잘 전하지 않습니다. 사람들이 나를 어떻게 생각할까 두렵기 때문입니다. 혹시 '유전무죄 무전유죄'라는 유명한 말을 아십니까? 돈이 있으면 무죄, 돈 없으면 유죄라는 뜻입니다. 그런데 우리 그리스도인에게는 다른 의미입니다. 우리에게는 전도하면 무죄, 전도 안 하면 유죄라는 말입니다. 전하지 않으면 언젠가 예수님 앞에 서는 날 책망받게 되어 있기 때문입니다.

사람들은 출퇴근으로 바쁜 지하철에서 막무가내로 노방전도하는 이들을 비판합니다. 때와 장소를 가리지 않는다고 말입니다. 전적으로 동감합니다. 저도 마음이 불편합니다. 그런데 한 가지 묻고 싶은 것이 있습니다. 때와 장소를 가리지 않는 막무가내식 노방전도를 비판하는 당신은, 때와 장소를 가려서 예수님을 전하고 있습니까?

개미에게 배우는 복음 전도

"게으른 자여 개미에게 가서 그가 하는 것을 보고 지혜를 얻으라"(잠 6:6).

프랑스의 유명한 작가 베르나르 베르베르(Bernard Werber)는 잠언의 이 구절을 읽고 개미의 생태를 깊이 관찰하다가 《개미》라는 베스트셀러를 썼다고 합니다. 참 신기하지요. 우리는 그냥 읽고 지나치는 말씀 한 구절이 누군가에게는 인생 작품을 쓰게 만드는 '그 한 말씀'이 되기도 한다는 사실 말입니다. 그동안 주의해 읽지 않고 무심코 넘겨 버린 수많은 말씀이 아깝지 않습니까?

오늘 본문이 개미에게서 배우라고 강조하는 것은 '부지런함'이지만, 저는 개인적으로 개미의 집념과 협동력에 감탄하곤 합니다. 개미는 자기 몸집보다 수십 배가 큰 먹이를 수많은 동역자와 함께 달려들어 기어이 집으로 끌고 갑니다. 그 모습을 보고 있으면 탄성이 절로 나옵니다. 우리가, 그리고 한국 교회가 개미에게서 배워야 할 점이라고 생각합니다. 우리는 개개인으로 놓고 보면 개미와 같이 미약한 존재입니다. 하나님이 맡기신 교회의 사역을 감당하기에는 한없이 부족합니다. 그런데 개미처럼 한마음이 된다면 사도행전 1장 8절의 "예루살렘과 온 유대와 사마리아와 땅 끝까지 이르러" 복음을 전하는 일을 넉넉히 감당해 낼 수 있지 않을까요? 그렇게 되기를 바랍니다.

최선을 다해 구원의 자리로 초청합시다

"¹ 지혜가 그의 집을 짓고 일곱 기둥을 다듬고 ² 짐승을 잡으며 포도주를 혼합하여 상을 갖추고 ³ 자기의 여종을 보내어 성중 높은 곳에서 불러 이르기를 ⁴ 어리석은 자는 이리로 돌이키라 또 지혜 없는 자에게 이르기를 ⁵ 너는 와서 내 식물을 먹으며 내 혼합한 포도주를 마시고 ⁶ 어리석음을 버리고 생명을 얻으라 명철의 길을 행하라 하느니라"(잠 9:1-6).

"¹³ 미련한 여인이 떠들며 어리석어서 아무것도 알지 못하고 ¹⁴ 자기 집 문에 앉으며 성읍 높은 곳에 있는 자리에 앉아서 ¹⁵ 자기 길을 바로 가는 행인들을 불러 이르되 ¹⁶ 어리석은 자는 이리로 돌이키라 또 지혜 없는 자에게 이르기를 ¹⁷ 도둑질한 물이 달고 몰래 먹는 떡이 맛이 있다 하는도다 ¹⁸ 오직 그 어리석은 자는 죽은 자들이 거기 있는 것과 그의 객들이 스올 깊은 곳에 있는 것을 알지 못하느니라"(잠 9:13-18).

지혜와 미련한 여인이 각각 사람들을 초대합니다. 흥미로운 점은 둘 다 '어리석은 자' '지혜가 없는 자'를 초청한다는 것입니다. 동일한 대상을 부르지만 부르는 목적은 분명히 다릅니다. 지혜가 어리석고 지혜 없는 자를 초청하는 이유는 그의 어리석음이 너무 안타깝기 때문입니다. 그 어리석음을 버리고 생명을 얻기를 소망하며 초청합니다. 미련한 여인이 어리석은 자와 지혜 없는 자를 부르는 이유는 정반대입니다. 그들을 유혹하여 완전히 파멸하기 위해서입니다.

또 한 가지 대조되는 모습이 있습니다. 가만히 보니 지혜는 어리석은 이들을 초청하기 위해 잔치를 정성껏 준비합니다. 집을 짓고, 기둥을 다듬고, 짐승을 잡고, 포도주를 준비하는 등 최선의 노력을 다합니다. 자기 여종을 보내 정중히 초청하기까지 합니다. 왜 이렇게 준비할까요? 그래야 겨우 어리석은 자가 초청에 응하기 때문입니다.

반면 미련한 여인을 보십시오. 전혀 준비하지 않습니다. 그냥 말로 떠들며 어리석은 자를 쉽게 유인합니다. 왜 아무 준비를 하지 않을까요? 어리석은 자를 어리석은 죄악의 길로 인도하기는 식은 죽 먹기처럼 쉽기 때문입니다. 이미 죄악의 길에 치우쳐 있기에 말로만 유인해도 쉽게 넘어오기 때문입니다.

본문을 묵상하면서 문득 오늘날 교회를 보게 됩니다. 우리는 세상에서 죄악의 길을 걷고 있는 자들을 구원의 자리로 초청하기 위해 최선의 잔치를 준비하고 있습니까? 아니면 아무 준비 없이 그냥 부르고 있지는 않은가요?

화목하게 하는 자입니까

"마른 떡 한 조각만 있고도 화목하는 것이 제육이 집에 가득하고도 다투는 것 보다 나으니라"(잠 17:1).

싸우지 말고 서로 화목해야 한다는 말씀이 성경에 많이 있습니다. 얼핏 보면 도덕적인 가르침 같지만 사실 매우 영적인 메시지입니다. 조금 더 정확하게 말하면 하나님이 가장 원하시는 것 중 하나가 '화목'임을 우리는 알아야 합니다.

왜 그럴까요? 화목이야말로 인류가 죄를 지음으로써 잃어버린 것이기 때문입니다. 창세기 1-2장 시절만 해도 태초에 세상은 매우 화목했습니다. 하나님은 인간을 보고 기뻐하시고, 인간은 하나님과의 교제를 즐겼으며, 또 사람과 사람 사이에도 아름다운 화목함이 있었습니다.

그런데 창세기 3장에 들어가면 이 모든 것이 깨집니다. 먼저 인류가 하나님께 불순종함으로 하나님과의 관계가 깨집니다. 그리고 마치 도미노처럼 인간과 인간의 관계도 연이어 깨집니다. 먼저 부부 관계의 화목함이 깨지고, 형제간의 화목도 깨졌습니다. 가인이 동생 아벨을 죽인 것입니다(창 4장). 그리고 온 땅에 포악함이 가득했습니다(창 6장). 사람과 사람 사이의 화목함이 총체적으로 깨졌다는 말입니다. 그 이후 성경이 보도하는 인류의 모습은 온통 깨진 모습투성이입니다. 서로 담을 쌓고 삽니다. 헬라인은 야만인과 담을 쌓고, 유대인은 이방인과 담을 쌓고 삽니다.

오늘날도 마찬가지입니다. 부자는 빈자와, 노동자는 기업가와 불화합니다. 정치적으로도 얼마나 갈등이 심각한지 모릅니다. 여러 정치색이 난무하고 각 당 지지자들 사이에 큰 담이 쌓여 있습니다. 미국이나 우리나라나 세계 어느 나라든 마찬가지입니다. 이 세상은 그야말로 화목함이 깨진 사회입니다.

우리가 한 가지 잊지 말아야 할 사실이 있습니다. 이 모든 배후에 분열의 영, '디아블로'(둘로 나누는 자)인 마귀가 있다는 것입니다. 정말로 마귀는 분열케 하는 자입니다. 하나님과 인간 사이를 분열시키고 사람과 사람 사이가 불화하게 합니다.

하나님은 화목함이 깨진 이 상태를 회복하고 싶으셨습니다. 그래서 독생자 예수 그리스도를 이 땅에 보내셨습니다. 예수님이 누구십니까? 다름 아닌 '화목 제물'이십니다. 그러면 십자가는 무엇입니까? 하나님과 인간, 인간과 인간 사이에 깨진 관계, 그러니까 수직적 차원과 수평적 차원에서 '화목하게 하는' 자리입니다. 성경이 말하는 화목은 단순히 윤리 도덕적 차원의 이야기가 아닙니다. 매우 영적인 주제입니다. 그래서 야고보서 3장에서는 하늘에 속한 지혜를 열거하면서 첫 번째 는 성결이고, 두 번째가 화평이라고 말하는 것입니다.

고린도후서 5장에 따르면 우리는 모두 '화목하게 하는 직 분'을 받았습니다. 장로, 권사, 집사 직분을 받기 이전에 우리 는 모두 '화목케 하는 자'라는 직분자임을 잊지 말아야 합니다.

성 프란시스(St. Francis)가 남긴 〈평화의 기도〉를 음미해 봅 니다.

> 주여 나를 평화의 도구로 써 주소서.
>
> 미움이 있는 곳에 사랑을, 상처가 있는 곳에 용서를,
>
> 분열이 있는 곳에 일치를, 의혹이 있는 곳에 믿음을 심게 하소서.
>
> 오류가 있는 곳에 진리를, 절망이 있는 곳에 희망을,
>
> 어둠이 있는 곳에 광명을, 슬픔이 있는 곳에 기쁨을 심게 하소서.
>
> 위로받기보다는 위로하며, 이해받기보다는 이해하며,
>
> 사랑받기보다는 사랑하며,
>
> 자기를 온전히 줌으로써 영생을 얻기 때문이니,
>
> 주여 나를 평화의 도구로 써 주소서!

세상의 논리를 보기 좋게 뒤집읍시다

"송사에서는 먼저 온 사람의 말이 바른 것 같으나 그의 상대자가 와서 밝히느니라"(잠 18:17).

재판이 벌어지고 있습니다. 한쪽 편 변호사가 먼저 등장하여 자신 있게 논리를 펼칩니다. 그 이야기를 듣는 배심원들의 마음이 그쪽으로 기울어집니다. 들어 보니 맞는 말 같기 때문입니다. 재판은 이제 더 이상 하나 마나인 것처럼 보입니다.

그런데 참으로 놀라운 일이 벌어집니다. 이미 끝난 것 같던 재판 분위기가 반전됩니다. 나중에 등장한 상대편 변호사가 차분하고도 매우 논리 정연하게 앞서 말한 이의 논점을 하나하나 무너뜨렸기 때문입니다. 논리만 설득력 있게 제시하는 것이 아닙니다. 그는 반박할 수 없는 '물증' 또한 재판정에 제출합니다. 배심원들의 입가에서 탄성이 터져 나옵니다. 그렇게 한쪽으로 기울어졌던 재판은 완전히 뒤집어져 역전승으로 끝납니다. 이 광경이 바로 잠언 18장이 묘사하고 있는 모습입니다.

저는 말씀을 묵상하는 가운데 이런 소원이 생겼습니다. 바로 이 역전승을 세상에서 보고 싶다는 것입니다. 세상은 사실 거대한 재판정입니다. 무엇이 진실인지를 놓고 치열한 진실 공방이 벌어지고 있습니다. 하나님과 관련된 송사가 진행되고 있습니다. 세상이 우연히 생겼는지, 아니면 창조주에 의해 창조되었는지 하는 공방 말입니다.

진실의 법정에서 먼저 진화론에 바탕을 둔 교육이 주도권을 잡고 있습니다. 많은 사람이 그 논리를 비판 없이 수용합니다. 마음이 그쪽으로 기울어져 있습니다. 이제 우리가 해야 할 일이 있습니다. 그들에게 진실을 전해야 합니다. 오늘 본문에 따르면 우리는 늦게 등장한 변호인입니다.

그런데 어떻게 해야 이미 기울어진 판을 뒤집을 수 있습니까? 소리 지른다고 될 일이 아닙니다. 피켓 시위를 한다고 될 일도 아닙니다. 논리가 필요합니다. 설득력 있는 설명이 필요합니다. 그리고 확실한 증거가 필요합니다. 우리는 사실 다 증인들이기도 합니다. "예수 예수 믿는 것은 받은 증거 많도다"라고 찬양하듯 우리 모두에게는 경험한 증거가 많습니다.

저는 역전승을 보고 싶습니다. 비진리로 기울어진 사람들의 마음을 다시 주님께로 향하게 하고 싶습니다. 이 일을 위해 그리스도인이, 그리고 이 땅의 교회가 쓰임받기 원합니다.

매력적인 그리스도인

"사람은 자기의 인자함으로 남에게 사모함을 받느니라…"(잠 19:22).

대중매체에서 그리스도인을 다루는 것을 보면 속상할 때가 많습니다. 대부분 매우 이기적이고 이중적이며, 자기주장 강하고 독선적일 뿐만 아니라, 생각이 비좁고 편협한 사람들로 그려집니다. 한마디로 전혀 매력적이지 않은 인간들로 표현했습니다. 세상이 왜 그리스도인들을 그렇게 바라보게 되었을까요? 오늘 본문에서 한 가지 단초를 발견할 수 있을 것 같습니다.

분문에 따르면 '사람은 자기의 인자함으로 남에게 사모함을 받게' 되어 있는데, 세상 사람이 만난 그리스도인들이 전혀 인자하지 않았다는 말입니다. 그러니까 성경을 많이 읽고, 기도도 많이 하고, 금식도 하고, 봉사도 열심히 하고, 전도도 많이 하는데 남을 전혀 배려할 줄 모르고, 겸손하거나 온유하지도 않고, 성품은 얼마나 편협한지 정나미가 떨어지는 사람들이었다는 말입니다. 사실 저도 그런 사람들을 몇 번 만나 봤습니다. 제가 봐도 너무 별로인 사람이 그리스도인 중에 분명히 있습니다.

그래서 성령 충만을 사모합니다. 그런데 도대체 성령 충만이란 무엇입니까? 걸걸한 목소리로 '할렐루야'를 외치는 사람이 성령 충만한 것이 아닙니다. 매우 매력적인 사람이 되는 것을 말합니다. 생각해 보십시오. 성령의 열매가 그 속에 나타나 사랑이 넘치고, 항상 기쁘고, 오래 참고, 자비롭고, 착하며, 충성스럽고, 온유하며, 절제할 줄 안다면 얼마나 매력적인 사람이겠습니까?

결국 우리가 성령 충만하지 못한 것이 문제입니다. 우리가 성령의 열매를 맺지 못한 것이 문제일 뿐입니다. 이제 단지 믿음이 좋을 뿐만 아니라 성령 충만하여 매우 매력적인 사람, 그래서 사람들의 인정과 사모함을 받는 인생 되기를 간절히 소원합니다.